Texte.Medien

ANTONIA MICHAELIS

Das Adoptivzimmer oder: Gefangen im Reich des Namenlosen

Schroedel

Texte • Medien

»Das Adoptivzimmer oder: Gefangen im Reich des Namenlosen«
von Antonia Michaelis

Titel der Originalausgabe: »Das Adoptivzimmer«

Herausgegeben von Ingrid Hintz

Materialteil erarbeitet von Sarah Luhmann

Das Texte • Medien -Programm zu »Das Adoptivzimmer oder: Gefangen im Reich des Namenlosen«:
978-3-507-47079-8 Textausgabe mit Materialien
978-3-507-47379-9 Lesetagebuch
978-3-507-47279-2 Informationen für Lehrerinnen und Lehrer
Informationen und Materialien im Internet: **www.schroedel.de/textemedien**

ISBN 978-3-507-47079-8

Druck A [1] / Jahr 2009

Alle Drucke der Serie A sind im Unterricht parallel verwendbar.

Redaktion: Barbara Holzwarth, München
Herstellung: Andreas Losse
Illustrationen (Umschlag und Innenteil): Birgit Busche-Brandt, Hannover
Umschlaggestaltung und Layout: JanssenKahlert Design, Hannover
Satz: Bock Mediengestaltung, Hannover
Druck: pva, Landau

INHALT

Materialien

Bevor du dieses Buch liest ...

Es gibt viele Jugendliche, die gern Bücher lesen, aber auch viele, die gar nicht oder nur ungern lesen. Das ist schade, denn wer liest, nimmt teil an den Lebensgeschichten, Erlebnissen, Problemen, Gedanken und Gefühlen der Buchfiguren. Deshalb sagt man: Wer liest, lebt doppelt.

Dieses Buch erzählt die Geschichte von Achim, der im Kinderheim aufwächst. Ines und Paul besuchen ihn an den Wochenenden und nehmen in schließlich mit zu sich nach Hause, weit weg ans Meer. Dort ist alles fremd und neu für Achim. Schon bald entdeckt er eine Tür im Flur, die ihn in ein magisches Turmzimmer führt. Auf Achim wartet dort ein Junge, der ihn in das Reich des mächtigen Namenlosen schickt.

Das Buch erscheint in der Reihe **Texte.Medien** des Schroedel-Verlags. Die Bücher dieser Reihe wollen zum Lesen motivieren – im Unterricht in der Schule, aber auch zu Hause in der Freizeit. Sie wollen die Freude am Lesen steigern und „Lust auf mehr Bücher“ machen.

Zu diesem Buch gibt es ein **Lesetagebuch**, das dabei helfen soll, sich selbstständig – individuell und gemeinsam mit anderen, die ebenfalls dieses Buch lesen – mit dem Inhalt und den Personen auseinanderzusetzen.

Viel Freude beim Lesen des Buches!

Für den adoptierten Jungen,
der den Müll hinausbrachte,
damit man ihn nicht zurückgeben konnte.

ANTONIA MICHAELIS

Das Adoptivzimmer oder: Gefangen im Reich des Namenlosen

1. Kapitel,

in welchem ein Zusammenstoß stattfindet und eine Tür entdeckt wird

Ich hätte es wissen müssen.

Ich heiße Achim, bin elf Jahre alt, und an jenem Sommerferientag, an dem Karl mich mit dem Stück Glibberbrot verfolgte, hätte ich wissen müssen, dass sich mein Leben für immer verändern würde.

Aber ich wusste es nicht. Ich stand auf und wusste es nicht. Ich sah aus dem Fenster hinunter in den Garten, wo noch Dampf aus den Wiesen stieg, und wusste es nicht.

Ich wusste es noch nicht mal, als ich Karl die Decke wegzog, damit er nicht bis Weihnachten nächstes Jahr liegen blieb.

Wenn dies eine Geschichte wäre, die ich erfunden hätte, würde ich sie ohnehin ganz anders erzählen. In der Nacht zuvor, würde ich erzählen, hatte ich einen seltsamen Traum ...

Doch das hatte ich nicht.

Ich fühlte mich keinen einzigen kleinen Moment lang erhaben oder erwartungsvoll. Stattdessen stürmte ich die Treppe vom ersten Stock genauso ungestüm hinunter wie immer, um vor Karl im Frühstückssaal zu sein. Der Frühstückssaal gehörte zu dem Kinderheim, in dem Karl und ich wohnten.

Es war ein ganz normales Kinderheim, oder, na ja, ich weiß ja nicht, wie ein unnormales Kinderheim aussieht. Unseres jedenfalls war so weit in Ordnung.

Es gab einen großen Garten mit Apfelbäumen und einen Fernsehraum und einen Keller, wo man Partys feiern konnte, und eine Unmenge kleiner, niedlicher Zimmer mit zwei oder vier Betten.

Und natürlich eine Horde Erwachsener, die darauf aufpassten, dass wir in den kleinen, niedlichen Zimmern kein Lagerfeuer machten und dass wir uns die Zähne putzten und jeden Morgen in den Bus zur Schule stiegen.

Manche von den Erwachsenen, wie zum Beispiel Maria, waren sehr nett. Aber Eltern waren sie alle nicht.

Das wünschten wir uns: große, starke Eltern. Einen Vater, der Pilot war, oder Lokführer oder Nobelpreisträger, und eine Mutter, die Rosinenbrötchen buk und jeden Lehrer in der Luft zerreißen konnte. Geschwister mussten nicht sein.

An diesem Morgen knetete Karl aus einem kleinen Stück Brot ein Schiffchen mit Marmeladen-Bullaugen und allem und ließ es in seiner Kakaotasse schwimmen.

„Achim“, verkündete er. „Ich habe mich entschieden. Ich werde Seemann.“

„Seemann?“, fragte ich zweifelnd und betrachtete das Brot-Boot, das sich voll Kakao sog und langsam unterging.

„Ja, logo“, sagte Karl. „Und dann entdecke ich den zwölften Kontinent. Ganz alleine. Dafür braucht man gar keine Eltern.“

„Was sind die anderen elf Kontinente?“, fragte ich misstrauisch. „So viele gibt es doch gar nicht.“

„Dann schon.“ Er grinste. „Bis dahin hat irgendjemand bestimmt schon ein paar andere dazuentdeckt.“

„Du bist ja bescheuert“, erwiderte ich freundlich.

„So? Bin ich das?“ Karl fischte ohne Eile das halb versunkene Boot aus seiner Tasse und holte aus, um damit nach mir zu werfen – doch so lange wartete ich nicht.

Ich war längst aufgesprungen, tauchte unter dem Tisch durch, kam auf der anderen Seite wieder hervor und rannte los.

„Na warte!“, hörte ich Karl hinter mir rufen. Jemand Erwachsenes versuchte, uns zu stoppen, aber wir schlüpften unter seinen Armen durch und flitzten mit einer Menge Gekicher kreuz und quer durch die Gänge.

Irgendwo sauste ich um eine Kurve und plötzlich war vor mir die Haustür, hinter der der Garten grün im Sonnenlicht lag ...

Ich war so mit Davonlaufen und Kichern und Mich-Ekeln beschäftigt, ich merkte überhaupt nicht, dass jemand dort stand.

In der Haustür.

Ich merkte es erst, als ich in ihn hineinrannte.

Es war ein Mann, ein ziemlich großer Mann, aber ich kam mit so viel Schwung angesaust, dass ich ihn zu Boden riss. Einen Moment später lagen wir beide auf dem Kiesweg.

„Ich – ich“, stammelte ich und setzte mich keuchend auf. „Es tut mir leid, ich ...“

Der Mann betrachtete seine Hände und pflückte einige kleine, spitze Kieselsteine aus ihnen heraus. Er hatte schwarze Locken auf dem Kopf und ernste graue Augen, und mit denen sah er mich an.

„Und du bist ...?“, fragte er.

„A-Achim“, stotterte ich. „Ich – ich heiße Achim.“

Er nickte. „Ich heiße Paul. Das da“, er wies mit dem ausgestreckten Arm auf die Haustür, „das ist Ines.“

Ich blickte zur Tür. Dort stand Maria mit einer fremden Frau. Maria hatte Karl zu fassen bekommen und die Arme um ihn gelegt, damit er nicht wieder entwischen konnte.

Die fremde Frau war klein und dünn und blass. Sie hatte eine Menge Sommersprossen überall und rote Haare, die sich an ihrem Hinterkopf zu einer ungehorsamen Schnecke einkringelten.

Und alle drei starrten uns an, Maria und Karl und die fremde Frau auch.

„Das sind Herr und Frau Ribbek“, sagte Maria – als würde das irgendetwas erklären.

„Ah“, sagte ich – als würde ich irgendetwas verstehen.

„Wir wollten dich eben suchen gehen“, fuhr Maria fort. „Herr und Frau Ribbek sind nämlich gekommen, um dich kennenzulernen.“

Da sagte ich nichts mehr, auch nicht „ah“.

Denn es war noch nie jemand ins Kinderheim gekommen, um mich kennenzulernen.

Ich wohnte schon eine Ewigkeit hier, seit ich unglaublich winzig klein war. Aber als Baby war ich andauernd krank. Ich hustete die ganze Zeit und natürlich will keiner ein Baby, das sofort wieder kaputt ist, kaum hat er es gekauft.

Maria sagte oft: „Es ist schon ein Wunder, Achim, dass du so groß geworden bist. Ich weiß noch, jedes Jahr einmal dachten wir, jetzt verlässt du uns endgültig.“

Aber das habe ich nie getan.

Ich wurde größer und blasser und blieb krank. Eine Zeit lang war ich der Meinung, sie würden die Luft ungerecht verteilen, und beschwerte mich bei Maria darüber, dass ich immer so wenig davon abkriegte. Da lachte sie und sagte: „Das ist dein Asthma.“

Und ich bekam ein Spray gegen die Asthmaanfälle und war eine Weile sehr stolz darauf. Allerdings nicht lange.

Manchmal kamen Leute ins Kinderheim und suchten sich eines der Kinder aus und gingen mit ihm Eis essen, oder ins Kino, oder in den Park. Jedes Wochenende. Sie lachten und winkten, wenn sie in den Autos der Leute wegfuhren, und irgendwann fuhren sie für immer mit den Leuten weg. Dann stand ich mit meinem Asthmaspray am Zaun und sah ihnen nach und war traurig. Denn sooft ich auch auf die Spraydose drückte, sie konnte doch keine Leute herbeizaubern, die mit mir in den Park gehen wollten oder für immer mit mir wegfahren.

Karl stand mit mir am Zaun. Ihn wollte auch keiner, obwohl er groß und stark war und kein bisschen krank. Es ist so: Ich glaube, Karl kann ganz schlecht in Familien wohnen. Sie haben es versucht. Drei-, viermal. Er ist jedes Mal zurückgekommen.

Ich weiß nicht so genau, warum. Vielleicht ist er zu groß und zu stark? Vielleicht hat er die Mütter und Väter immer durch die Luft geschleudert und davon wurde ihnen schwindelig?

Ich sah mir den Mann mit den schwarzen Locken an, der also wohl Paul hieß, und überlegte, ob ihm leicht schwindelig wurde …

Er machte seinen Mund auf und zu und sagte etwas, aber ich verstand es nicht. In mir drin kribbelte es vor Aufregung, meine Hände waren ganz feucht und meine Knie zitterten. *Diese Leute wollten mich kennenlernen.*

Ich durfte jetzt nichts verkehrt machen. Sonst würden sich der Mann und die Frau umdrehen und nie mehr wiederkommen.

„Wa-wü-würden Sie Karl auch mit-kennenlernen?“, brachte ich schließlich hervor.

„Warum nicht?“, erwiderte die Frau mit den roten Haaren und lächelte mit all ihren Sommersprossen. Da konnte ich plötzlich wieder hören und meine Knie hörten langsam auch mit dem Zittern auf.

„Wir könnten Eis essen gehen“, sagte der Mann mit den Locken. „Oder ins Kino. Oder in den Park.“

So kam es, dass ich Ines und Paul kennenlernte, oder sie mich. Sie kamen jedes Wochenende, die ganzen Sommerferien hindurch, und Ines brachte ihre Sommersprossen mit und Paul seine ernsten grauen Augen. Und ich, ich achtete darauf, dass Karl niemals am Zaun stehen und traurig sein musste.

Auf allen unseren Ausflügen waren wir zu viert. Wir lernten, „Ines“ und „Paul“ zu Ines und Paul zu sagen, was ich sehr schwer fand. Fast so schwer wie damals das Fahrradfahrenlernen. Karl konnte es viel besser. Er konnte auch besser im Park Ball spielen und besser im Auto laut singen, aber dafür fiel ihm die Eistüte manchmal herunter, und im Kino zerdrückte er vor Spannung die Popcorntüte samt Popcorn zu einem großen Klumpen.

Ines und Paul schien das nichts auszumachen. Ich war mir nie so ganz sicher, was ich über sie denken sollte. Irgendwie waren sie ein bisschen verrückt. Sie konnten sich beim Ballspielen streiten wie Kinder, sie bekleckerten sich gegenseitig mit Schokoladensoße – und ich weiß noch, wie Ines Paul einmal zu Boden rang und sich auf ihn setzte, weil er behauptet hatte, sie könnte nicht zielen.

Die Erwachsenen in der Schule und im Heim waren ganz anders.

Womöglich war es mit Erwachsenen wie mit Limonade: Es gab verschiedene Sorten ...

Und dann kam der Tag, an dem Paul und Ines abends nicht gleich in ihr Auto stiegen. Karl war schon vorausgestürmt, um herauszufinden, was es zu essen gab, und ich wollte mich eben verabschieden, um ihm nachzulaufen – da hielt Paul mich sanft am Ärmel fest.

„Achim“, sagte er.

Ich sah zu ihm hoch. Seine grauen Augen blickten noch ernster als sonst und er sah nicht aus, als würde er in diesem Moment jemanden mit Schokoladensoße bekleckern. „Achim, wir wollten dich etwas fragen.“

„Was denn?“ Ich wand mich in seinem Griff. Der Griff war nicht fest und ich wand mich im Grunde mehr innerlich. Eine Ahnung begann, in mir hochzusteigen.

Sie stieg wie Bläschen in Limonade und wartete darauf, an der Oberfläche zu zerplatzen.

„Wir kommen nächsten Sonntag wieder“, sagte Ines. „Und da wollten wir wissen ...“

Sie verstummte. Paul holte tief Luft. „Würdest du gerne mitkommen?“, fragte er schließlich. „Am nächsten Sonntag? Zu uns ... nach Hause?“

Ich schluckte.

„Du weißt ja, wir wohnen ein bisschen weiter weg“, fügte Ines hinzu. „Aber wir haben auch einen Garten, wie diesen hier. Mit Birnen und Kirschen und Johannisbeeren …“

„Und das Meer ist ganz in der Nähe“, sagte Paul.

Ich schluckte noch einmal. „Ich muss doch aber bald wieder zur Schule“, sagte ich. „Das geht doch nicht, wenn ich so weit weg bin.“

„Du kannst bei uns in die Schule gehen“, antwortete Ines.

Da schluckte ich zum dritten Mal.

„Heißt das, ihr wollt, dass ich richtig … Ich meine: Ich soll bei euch wohnen?“

Die beiden nickten.

Ich sah zum Heim hinüber, und da standen Karl und Maria in der Tür. Alle außer mir hatten also Bescheid gewusst. Karl winkte und nickte, dass sein Kopf nur so auf und ab flog, und hielt beide Daumen nach oben.

Da wandte ich meinen Blick von Karls großer, freundlicher Gestalt im Türrahmen ab und sagte ganz leise „okay“, weil ich wusste, dass alle das von mir erwarteten.

Dabei wollte ich doch eigentlich gar nicht von Karl und Maria und dem Klettergerüst und den Apfelbäumen im Garten fort.

An den Wochenenden – ja. Aber doch nicht für immer.

Die nächsten Tage vergingen viel zu schnell.

Maria erzählte mir ab und zu, dass sie jetzt eine Menge Papierkram für mich zu erledigen hatte und dass dauernd Briefe von Paul und Ines kamen mit Dokumenten und Formularen, die sie ausgefüllt und angekreuzt und unterschrieben hatten.

„Das ist alles sehr kompliziert", sagte Maria, „denn es muss erst festgestellt werden, ob man ein Kind wirklich adoptieren darf."

Das wusste ich. Die meisten im Heim hatten irgendwo noch Eltern. Aber jemand hatte entschieden, dass sie keine guten Eltern waren – womöglich hatten sie irgendeine Prüfung nicht bestanden? –, und deshalb lebten ihre Kinder im Heim.

Bei mir hätten sie sich den Aufwand sparen können, fand ich. Meine Eltern waren einfach nur tot, ganz unkompliziert und schon furchtbar lange.

Aber ich war froh, dass es den Papierkram trotzdem gab. Denn so konnte ich länger bei Karl und Maria und dem Garten mit den Apfelbäumen bleiben.

Dann war Freitag.

Karl und ich saßen auf der Türschwelle und sahen uns den Abend an, und ich musste auf einmal furchtbar seufzen.

„Karl", sagte ich, „weißt du, du kannst sie von mir aus haben, wenn du willst. Ich will sie gar nicht. Ich meine, sie sind nett und alles, aber ich möchte doch lieber hier bleiben. Sie würden mich sowieso nicht lange behalten. Wenn sie merken, dass ich Asthma habe und so, geben sie mich garantiert zurück ... Geh du mit ihnen mit."

Karl nahm meine Schultern und schüttelte mich ein bisschen, und weil er doch so kräftig ist, rüttelte mich das ziemlich durch.

„Du bist ja total übergeschnappt“, erwiderte er gutmütig. „Sie wollen *dich*, kapiert? Du kriegst jetzt dein eigenes Zimmer und eine Menge Sachen und – Mann! Freu dich doch mal!“

„Versuch ich ja“, antwortete ich leise. „Es klappt bloß so schlecht.“

Als ich am Samstag mit meinem Koffer auf dem Parkplatz stand und wartete, hatte es angefangen zu regnen. Mir war das recht, denn ich fühlte mich ganz nach Regen.

Das rote Auto der Ribbeks bog in die Auffahrt ein und hielt in einer Pfütze.

„Schreibst du mal?“, sagte Karl.

Paul lächelte und klopfte Karl auf die Schulter wie einem echten Seemann und stopfte meinen Koffer in den Wagen. Ich glaube, ich verabschiedete mich auch irgendwie. Und dann sah ich durch die verregnete Scheibe hinaus.

Das Auto röhrte beim Starten wie ein Elch.

Hinter dem Tropfenvorhang standen Karl und Maria unter einem großen, hässlichen Regenschirm und winkten. Maria hatte Karl mit einem Arm an sich gedrückt. Ich dachte: Wie traurig sie aussehen.

Und ich auch, innen drin.

Schließlich verschwand das Kinderheim um eine

Kurve und kurze Zeit später bogen wir auf die Autobahn ab.

Wir fuhren den ganzen Tag. Ich saß auf der Rückbank und drückte meine Nase an der Scheibe platt und wurde immer trauriger, je weiter mich das Auto von Karl und Maria und ihrem alten Schirm fortbrachte.

Hinten im Auto lag der kleine grüne Koffer mit meiner Zahnbürste und dem uralten, ausgefransten Stoffhund Lukas, für den ich eigentlich schon zu alt war, und dem weiß-blau geringelten Schlafanzug.

Es war der gleiche Schlafanzug, den alle Jungen im Heim hatten.

Mein ganzes Leben lang hatte ich mir gewünscht, einen absolut eigenen Schlafanzug zu besitzen, einen, den nur ich hatte. Jetzt tröstete mich der Gedanke daran, dass Karl und ich heute Abend beide in blauen und weißen Ringelstreifen in unseren Betten liegen würden.

Draußen regnete es jetzt so sehr, dass die Bäume sich bogen, als wollten sie sich bei sich selbst unterstellen.

Im Radio kamen traurige englische Lieder, und deshalb stellte Paul es aus und begann stattdessen zu reden. Er redete davon, dass er Lehrer war, ein Lehrer für Erwachsene, wenn sie kein Deutsch konnten. Und Ines redete von Blumen und Gräsern und einem Geschäft, in dem sie die verkaufte. Obwohl ich das alles schon wusste. Danach redeten sie von ihrem Haus und davon, wie schön es wäre, und dann redeten sie von ihrem Dorf ...

Irgendwann, nach einem Jahrhundert öder Autobahn, drehten sie sich plötzlich beide um und sahen mich an.

„Aber du sagst ja gar nichts“, meinte Ines.

„Nein“, sagte ich.

Da machte Paul das Radio an und wir hörten den traurigen englischen Liedern zu.

Wir kamen erst beim Haus der Ribbeks an, als es schon dunkel war.

Es war ein großes Haus, und es stand etwas außerhalb eines Dorfes, und in der Ferne war ein Rauschen wie von einem Wasserfall.

„Das ist das Meer“, sagte Paul.

„Das Meer?“, fragte ich.

Er nickte und wuchtete meinen Koffer aus dem Auto.

„Ines“, sagte er. „Denk dir nur: Achim hat nichts als Steine mitgebracht. Was wird er anziehen?“

Ines zuckte mit ihren sommersprossigen Schultern. „Steine“, antwortete sie.

Drinnen war es warm und hell. Ines machte Spiegeleier und Paul trug meinen kleinen grünen Koffer eine unheimlich schmale, steile Holztreppe hinauf.

Oben öffnete er eine Tür zu einem Zimmer, in dem nur ein einziges Bett stand, obwohl es so groß war, dass im Heim vier Leute darin geschlafen hätten.

„Das ist deins“, sagte Paul. Er ächzte und stellte den Koffer ab, und dabei zog er so ein gequältes Gesicht, dass ich ein bisschen lachen musste.

Unten in der Küche stand ein großer, alter Tisch, der schon überall Löcher von Holzwürmern hatte. Ich setzte mich sehr vorsichtig auf einen Stuhl.

„Warum wolltet ihr ein Kind?“, fragte ich.

Ines stellte drei Teller mit Ei und Brot auf den Tisch.

„Du magst doch Spiegeleier?“, erkundigte sie sich. Offenbar hatte sie meine Frage nicht gehört. „Spiegeleier mag ich am allerliebsten“, antwortete ich, damit sie sich freute. Aber beim Essen versuchten meine Augen andauernd zuzufallen.

Ich gähnte und wusste, dass das unhöflich war, und schämte mich.

Aber Ines gähnte einfach auch.

Und einen Moment später stimmte Paul mit ein.

Da mussten wir alle lachen.

Später lag ich im Bett, in dem Ringelschlafanzug, und da fiel mir meine Frage wieder ein. Es war, als Paul noch einmal hereinkam, um Gute Nacht zu sagen – ganz so, wie Maria und die anderen Frauen im Heim es jeden Abend getan hatten.

„Warum wolltet ihr ein Kind?“, flüsterte ich, als er sich über mein Bett beugte.

Paul seufzte.

„Weißt du“, sagte er schließlich, „wir hatten mal eins. Einen kleinen Jungen.“

„Und?“, flüsterte ich in die Dunkelheit. „Wo ist er jetzt?“

„Als er vier war, ist er im falschen Moment über die

Straße gelaufen.“ Paul flüsterte jetzt ebenfalls. Seine Stimme klang ein bisschen heiser.

„Ein Lastwagen hat ihn erwischt. Er war sofort tot.“

Ich wusste nicht, warum, aber ich griff nach Pauls Hand. „Wie alt wäre er jetzt?“, fragte ich.

„Elf“, wisperte Paul. „So alt wie du.“

In dieser Nacht tappte ich zum ersten Mal über den weichen Teppich im Flur und suchte die Toilette. Ich machte kein Licht an, denn ich wusste nicht, wo der richtige Schalter war. Es gab eine kleine grüne Lampe, die in einer Steckdose an der Wand steckte, das musste reichen.

Wie merkwürdig es doch war, eine Toilette zu benutzen, neben der nicht noch fünf andere in ihren Kabinen warteten! Auf dem Weg zurück zu meinem Zimmer hatte ich ihn vergessen. Den Weg.

Der Flur ging irgendwie um die Ecke ... Ich fand eine Tür, blieb eine Weile davor stehen und hörte den Geräuschen von drinnen zu. Das musste das Schlafzimmer der Ribbeks sein, denn ich hörte jemanden leise schnarchen und jemand anderen ruhig atmen.

Hinter einer weiteren Tür fand ich einen Besen und eine Menge Gerümpel. Die nächste Tür musste die zu meinem Zimmer sein. Ich sehnte mich danach, zurück unter die Decke zu kriechen und die Dunkelheit des Flurs hinter mir zu lassen.

Die Tür befand sich genau neben der kleinen grünen Lampe, man konnte sie gar nicht übersehen.

Ich streckte die Hand nach der Klinke aus – dann stutzte ich und hielt einen Moment inne. Ich wusste genau, dass ich die Tür vorhin offen gelassen hatte. Natürlich war es möglich, dass ein Luftzug sie zugedrückt hatte, doch da war noch etwas, was mich davon abhielt, sie zu öffnen: Es war ganz bestimmt nicht die richtige Tür. Die zu meinem Schlafzimmer hatte einen viereckigen Rahmen und einen roten Plastikgriff wie alle anderen Türen im Haus. Aber diese da, vor mir, war oben abgerundet wie die Türen in Schlössern und Türmen. Statt eines Plastikgriffs besaß sie eine schön geschwungene, silbrig glänzende Klinke mit pflanzenartigen Schnörkeln. Und es gab kein Schlüsselloch.

Ich fuhr mit der Hand über das Holz – es war rau und rissig.

Es konnte nicht sein, und doch war ich mir ganz sicher: Vor ein paar Stunden war diese Tür noch nicht da gewesen.

Ich legte mein Ohr daran und lauschte.

Und da hörte ich das Schluchzen.

Es schwoll an und wieder ab; manchmal konnte ich es kaum wahrnehmen, und manchmal dachte ich, dass Paul und Ines es in ihrem Zimmer hören müssten.

Ich war nicht alleine unglücklich. Hier, hinter dieser Tür, gab es noch jemanden, dem es so ging.

Aber wer mochte das sein?

Ich raste den Flur entlang bis zu einer offenen Tür, meiner Tür – und gleich darauf lag ich im Bett, verborgen unter der Decke, und drückte Lukas' Stoffkörper an mich.

2. Kapitel,

in welchem ich Scherben produziere und jemand am Fenster steht

Komisch, dachte ich, als ich aufwachte. Wieso klingelt der Wecker nicht?

Sonst klingelte er immer so lange, bis ich wach genug wurde, um ihn auszustellen. Und warum war es so still im Haus?

„He, Karl“, sagte ich schlaftrunken, „bist du wach? Wie spät ist es? Wir verpassen unseren Frühstücksdienst ... Karl?“

Karl antwortete nicht.

Ich öffnete die Augen, und da sah ich, warum er nicht antwortete. Weil er gar nicht da war, darum. Und ich war auch nicht in meinem Bett im Kinderheim, und es gab keinen Wecker und keinen Frühstücksdienst.

Das Bett, in dem ich geschlafen hatte, gehörte den Ribbeks, und das Zimmer auch und das Haus und überhaupt alles.

Ich setzte mich auf die Bettkante, ließ die Beine baumeln und schlang die Arme um den Stoffhund Lukas, für den ich eigentlich schon zu alt war.

Und auf einmal wurde ich ganz kalt und steif vor Angst.

Was würde heute geschehen? Was erwarteten Paul und Ines von mir? Was würde ich alles verkehrt machen?

Das Tageslicht kroch durch ein blaues Rollo mit Sternen darauf und tastete sich über die Holzdielen vor bis zum Bett. Als wollte es das Zimmer ganz heimlich erobern.

Es war ein schönes Zimmer.

Auf den Dielen lag ein bunter, gewebter Teppich, und an den Wänden standen neben einem großen, alten Bauernschrank eine Menge hölzerne Regale voller Bücher. Sie sahen aus wie Erwachsenenbücher, aber sie verbreiteten trotzdem ein Gefühl von Behaglichkeit. Ich stellte mir vor, wie man im Winter mit einem Buch auf dem bunten Teppich liegen konnte und lesen, während es draußen schneite und eisig kalt war ...

Neben den Bücherregalen gab es noch mehr leere Regale. Nur ein paar Muscheln und Steine lagen in den Fächern. Sie warteten, diese Regale. Auf jemanden, der sie füllte.

Und da wurde mir noch ein bisschen kälter und noch ängstlicher zumute.

Ich kniete mich im Schlafanzug vor meinen Koffer und nahm alles heraus, was ich besaß. Der Bauernschrank öffnete sein Maul und verschluckte meine Kleider. Ich legte in jedes Fach *ein* Kleidungsstück, damit es nach mehr aussah.

Aber als ich zurücktrat, erschien mir der Schrank genauso leer wie vorher.

In das Regal ordnete ich mit großer Sorgfalt vier Kassetten, drei Bücher und meinen Walkman ein. Es guckte mich traurig und hungrig an.

Ich setzte mich aufs Bett und drückte Lukas ganz fest gegen meine Augen, damit keine Tränen herauskamen. Alles hier war schön und gemütlich und wunderbar, nur ich, ich passte nicht hinein.

Sie würden es merken und mich zurückgeben.

Nachdem ich mich angezogen hatte, war der große Schrank noch leerer.

Im Flur blieb ich stehen und lauschte. Unten im Haus lief Musik. Sie klang überhaupt nicht traurig wie die Radiomusik, sondern so, als müsste man dazu tanzen.

Ich putzte mir die Zähne so lange, bis man sich darin spiegeln konnte.

Dann wollte ich nach unten gehen, zu der Musik, aber etwas hielt mich auf.

Denn auf dem Weg zur Treppe kam ich an der Tür vorbei. An der Tür mit dem Rahmen, der sich oben in einem Halbkreis schloss.

Jetzt sah ich, dass es die einzige Tür auf dieser Seite des Flures war. Zu ihrer Linken und Rechten befanden sich zwei große Fenster, und durch diese Fenster sah ich einen Garten voller Obstbäume und dahinter, weit in der Ferne, einen blauen Strich: das Meer.

Aber das war unmöglich.

Ich öffnete eines der Fenster und streckte meinen Kopf hinaus. Ich konnte das zweite Fenster sehen, und dazwischen gab es nichts als die Hauswand und eine Pflanze, die daran hochrankte, mit hellen und dunklen Blüten.

Verwundert zog ich den Kopf zurück. Es gab kein Zimmer hinter dieser Tür.

Sie musste direkt ins Freie führen. Wozu brauchte man eine Tür ohne Zimmer?

Ich legte meine Hand auf die Klinke. Sie fühlte sich silbrig und kühl an.

In diesem Moment brach die Musik unten im Haus ab und ich hörte, wie Ines auf den Plattenspieler schimpfte. Gleich darauf begann er wieder zu spielen, ein anderes Lied diesmal, ein bisschen weniger wild und hüpfend – doch da befand ich mich schon auf dem Weg die Treppe hinunter. Vielleicht würde ich die Tür irgendwann später öffnen.

Ines war in der Küche und bewachte einen riesigen Topf.

„Guten Morgen, Achim“, sagte sie und nickte zu dem Topf hin. „Marmelade. Immer, wenn die Platte hängt, renne ich hin und die Marmelade kocht über, und wenn ich dann alles aufgewischt habe, hängt die Platte wieder.“

„Du solltest vielleicht nicht gleichzeitig Marmelade kochen und Musik hören“, sagte ich.

„Vielleicht nicht. Hast du gut geschlafen?“

„Hm-hm“, machte ich. Die Musik verstummte.

Sie winkte müde ab.

„Egal. Was hältst du von Frühstück?“

„Hm-hm“, machte ich.

Sie lächelte nur, zog eine Schublade heraus und sagte: „Hier sind die Frühstücksbretter, und da ist Besteck. Könntest du ...? Ich muss auf die Marmelade achten.“

Ich nickte und stand ratlos vor der offenen Schublade.

Hatte Ines schon gefrühstückt? Bestimmt doch mit Paul zusammen. Und ich hatte zu lange geschlafen. Wenn sie aber noch einmal frühstücken wollte?

„Was ist los?", fragte Ines. „Worüber denkst du nach?"

„Ach – nichts", sagte ich und entschied mich für zwei Bretter und zwei Messer. Ich hatte Glück: Ines sagte, sie wollte auch etwas essen.

„Was trinkst du denn so zum Frühstück?", fragte sie und sah in den Kühlschrank. Ich überlegte. Was trank Ines? Ich wollte nur möglichst alles richtig machen.

„Kakao?", schlug sie vor. „Saft? Tee?"

Ich zuckte mit den Schultern. Sie durchstöberte den Kühlschrank. „Und was würdest du gerne essen? Ich meine: Honig oder Wurst oder Nutella oder Käse oder ...?"

Ich zuckte wieder mit den Schultern. Was aß Ines?

Sie seufzte. „Was habt ihr denn im Heim zum Frühstück gegessen? Was Süßes oder was Salziges?"

Ich sah auf meine Schuhe und dachte, dass ich sie also nervte und dass ich schon damit anfing, alles verkehrt zu machen.

„Brot drunter", antwortete ich kläglich.

Wir hatten dann ein etwas hektisches Frühstück, wegen der Marmelade. Ines musste dauernd aufspringen und den Deckel abnehmen und rühren, und gleichzeitig kochte sie sich noch Kaffee.

Ich hätte ihr gern geholfen, aber ich traute mich nicht, sie zu fragen.

So saß ich da und trank meinen Saft und aß mein Brot sehr langsam, damit ich nichts sagen musste. Wenn man nichts sagt, kann es nicht falsch sein.

Der Saft schmeckte, als wohnte er schon eine ganze Weile im Kühlschrank. Ein bisschen säuerlich und irgendwie kribbelig. Ich sehnte mich nach dem Kakao aus dem Heim, aber ich sagte nichts. Wenn Ines so beschäftigt war, mit Plattenspielern und Marmelade und Kaffeekochen und allem, dann konnte sie sich schließlich nicht auch noch merken, wie lange ihr Saft schon im Kühlschrank war – man musste ja nicht so viel davon trinken.

„Hör mal, Ar – Achim, ich muss gleich weg. In den Blumenladen. Paul ist schon bei der Arbeit. Er kommt

um fünf wieder. Wir haben versucht, für eine Weile freizubekommen, aber gerade jetzt ging es nicht, und wir wollten dich doch gleich holen, als sie uns gesagt haben, jetzt dürften wir, und ..."

Sie verstummte und blickte suchend in ihre Kaffeetasse. Ob sie etwas darin verloren hatte? Etwas, das im Kaffee untergegangen war?

„Es ist alles etwas ... ungünstig, ich weiß", sagte Ines schließlich. „Wir dachten ... du könntest vorerst tagsüber bei unseren Nachbarn bleiben. Bis die Schule anfängt. Es sind sehr nette Leute, wirklich ..." Ihre Stimme verlor sich wieder. Sie begann, mir leid zu tun. Offenbar war es ihr peinlich, dass sie und Paul nicht die ganze Zeit auf mich aufpassen konnten.

„Ich bin doch kein kleines Kind mehr!", sagte ich leise. „Ich kann doch hierbleiben und auf mich selbst aufpassen!"

„Ach, Ar – Achim." Ines nahm ihren Blick aus der Kaffeetasse und lächelte mich an. „Aber ganz alleine! Wo alles noch so neu ist für dich! Ich habe den Nachbarn schon vor längerer Zeit Bescheid gesagt, weißt du. Sie haben auch zwei Kinder, einen Jungen und ein Mädchen. Ihr werdet bestimmt viel Spaß zusammen haben ... Die beiden können dir die Umgebung zeigen ..."

Sie stand auf und zeigte aus dem Fenster. „Es ist das Haus da drüben, mit dem grünen Dach. Du musst nur den Weg entlanggehen ... Du bist ja wirklich schon groß", fügte sie hinzu und schenkte mir noch ein Lächeln. „Du verläufst dich bestimmt nicht."

Ich schüttelte den Kopf.

„Gut“, sagte Ines. „Ich gebe dir einen Hausschlüssel, auf den musst du gut aufpassen.“

Ich nickte.

Sie nahm die Marmelade vom Herd, drückte mir einen Schlüssel mit rotem Band in die Hand und streifte sich eine hellgelbe Windjacke über.

„Also, tschüss, Ar – Achim.“

Ich stand eine ganze Weile mit dem Schlüssel in der Hand in der Küche.

Das rote Band baumelte von ihm hinunter wie eine Hundezunge.

Tschüss, Ar – Achim.

Na ja, dachte ich. Sie hat so viel auf einmal zu tun. Sie kann sich eben nicht auch noch meinen Namen immer merken.

Ich wusch das Geschirr ab, ganz vorsichtig, damit nichts kaputtging, und danach ging ich nach oben.

Denn ich hatte keineswegs vor, zu den Nachbarn zu gehen und mir die Teile der Umgebung anzusehen, die sie mir zeigen wollten.

Ich würde mir ansehen, was hinter der Tür war.

Eigentlich konnte ja nichts dahinter sein.

Als ich die Klinke hinunterdrückte, erwartete ich, die Tür würde ins Leere aufschwingen und unter mir würde der Garten liegen. Was sonst.

Tja – was sonst?

Das alte Holz knarzte, als ich dagegendrückte, und die Angeln quietschten.

Durch den Spalt, der jetzt zwischen Tür und Wand klaffte, fiel kein Licht. Im Gegenteil: Hinter der Tür schien es dunkler zu sein als im Flur.

Mir wurde klar, wie allein ich war. Wäre doch Karl hier gewesen!

Ich holte tief Luft, schob die Tür noch ein wenig weiter auf und schlüpfte hindurch.

Sie schloss sich beinahe lautlos hinter mir.

Ich sah mich um.

Ich befand mich in einem kreisrunden Zimmer mit Wänden aus großen, rohen Steinquadern. Darin zählte ich fünf Fenster. Durch blaue Gardinen drang ein seltsam verschwommenes Licht, es war, als läge der Raum unter Wasser. Der Boden bestand ebenfalls aus Stein und er war kalt. Man konnte fühlen, wie die

Kälte von dort aufstieg wie Nebel und an den Wänden entlangkroch. Ich steckte die Hände in meine Ärmel und merkte, wie ich zitterte.

An den Wänden hingen Bilder. Ich trat näher, um mir eines genauer anzusehen, und da erschrak ich.

Das Bild zeigte eine hohe Mauer aus schwarzen und weißen Steinen. Davor wuchsen Bäume mit merkwürdigen Blüten und Blättern, und zwischen ihren Stämmen stand eine kleine Gestalt in meinen Kleidern.

Konnte hier ein Bild hängen, auf dem ich dargestellt war? Aber was war das für eine Mauer, und was für ein Garten?

Und was für ein Zimmer war das, in dem das Bild hing?

Es war am Haus der Ribbeks und es gehörte doch nicht dazu. Es war nicht gemütlich und heimelig wie die restlichen Räume. Es passte nicht hierher.

„Ein Adoptivzimmer“, sagte ich leise vor mich hin. „Es ist ein Adoptivzimmer. Das Haus hat es adoptiert, doch es kann das Zimmer jederzeit zurückgeben.“

Und wahrhaftig, wie wenig das Zimmer zu dem Haus passte!

Es gab darin nichts als ein eisernes Bett, einen eisernen Tisch und einen einzigen eisernen Stuhl. Keine Regale mit Muscheln, keine Schränke zum Füllen.

Die Möbel hatten Füße, als gefiele auch ihnen das Zimmer nicht und sie wären gern weggelaufen. Manchmal, auf alten Bildern, hatte ich Möbel mit Löwenfüßen gesehen. Doch dies hier waren die Füße von Vögeln.

Ich trat an eines der Fenster und zog den blauen Vorhang beiseite.

An der Außenwand blühte eine seltsame Kletterpflanze abwechselnd in einem dunklen Violett und einem sehr weißen Weiß. Ich sah an ihr hinab.

Eigentlich hätte dort unten der Garten sein müssen, mit den Obstbäumen und in der Ferne, als blauer Streifen, das Meer.

Aber da war kein Garten, da waren keine Obstbäume und auch kein Meer.

Ich blickte hinab in eine unendlich weite Hügellandschaft, in der sich hohes Gras im Wind wiegte. Und solche Bäume, die dort weit unten standen, hatte ich noch nie gesehen. Ja, weit unten: Denn der Erdboden lag nicht nur ein Stockwerk tiefer, wie er es hätte tun müssen. Er lag fünf, sechs, vielleicht sieben Stockwerke tiefer, und mir wurde beinahe ein bisschen schwindelig.

Auf den Bäumen und im Gras saßen überall Vögel. Bestimmt tausend Vögel, oder vielleicht auch noch einer mehr. Ab und zu flog ein Schwarm auf und drehte eine Runde, um sich gleich darauf auf einem anderen Hügel niederzulassen.

Sie hatten alle Farben, die man sich überhaupt vorstellen kann, Weiß und Blau und Grün und Flamingorosa, Braun und Grau; und manche hatten auch Farben, die Vögel gar nicht haben dürfen, wie zum Beispiel Gelb-schwarz-gestreift.

Ich war so gebannt von all den bunten Hälsen und Flügeln, dass ich erst nach einer Weile bemerkte, was mir gleich hätte auffallen müssen: Das Fenster, aus dem ich hinunterblickte, besaß kein Glas, sondern ein Gitter. Ein starkes Gitter, aus dem gleichen Eisen wie der Tisch und das Bett in dem Adoptivzimmer.

Ich rüttelte ein wenig daran, doch es ließ sich nicht bewegen. Es war an allen Seiten fest in der Mauer verankert.

Ich erinnerte mich an eine Burg, zu der wir einmal einen Ausflug gemacht hatten – und da begriff ich. Das runde Zimmer, das Gitter, die Landschaft so weit, weit unten: Ich befand mich in einem Turm.

Und die Gitter waren dort angebracht worden, um jemanden in diesem Turm gefangen zu halten.

Ich flog eher zurück zur Tür, als dass ich rannte. Sie ließ sich ohne Weiteres öffnen. Eine Weile stand ich keuchend im Flur und starrte die silberne Klinke an.

Nein, nicht ich war der Gefangene des Adoptivzimmers.

Aber wer war es dann?

Ich ging hinunter in den Garten.

Die Äste der Bäume waren voll von grünen Äpfeln, bald würden sie sich röten und auf die Erde hinabfallen. An einem Baum hing eine Schaukel. Ich setzte mich darauf und schaukelte eine Weile hin und her und dachte nach.

Von hier aus konnte ich die beiden Flurfenster sehen. Und die Wand dazwischen, an der die Kletterpflanze emporkletterte, mit ihren weißen und violetten Blüten, die so dunkel waren, dass sie beinahe schwarz wirkten. Eine wortlose Gartenratte huschte zwischen ihren Stängeln hindurch. Nein, da war kein Zimmer.

Kein Zimmer und keine Gitterfenster und kein Turm.

Die Mücken tanzten im Sonnenlicht und in der Ferne gurrte eine Taube. Ab und zu quietschten die Schaukelseile.

Ansonsten war es ganz still.

Es kam mir vor, als wartete alles. Die Apfelbäume, die Mücken, der weite blaue Himmel über mir und das hohe Gras. Sie alle schwiegen und warteten.

„Ich weiß nicht", sagte ich zu ihnen. „Meint ihr wirklich? Meint ihr, ich soll zurückgehen?"

Das Gras nickte und die Mücken surrten ihre Zustimmung.

„Ihr habt gut reden", sagte ich. „Ihr müsst es schließlich nicht machen. Ihr müsst nicht die Tür zum zweiten Mal öffnen und die Kälte fühlen und das eiserne Bett ansehen."

Aber schließlich seufzte ich und sprang von der Schaukel.

Ein seltsames Gefühl hatte sich in mein Herz eingeschlichen, ein Gefühl, als könnte nur ich all dies tun. Und als wäre es wichtig, dass es getan wurde.

Ich schmierte mir in der Küche ein Butterbrot und aß es, um das Aufregungskribbeln in meinem Magen zu beruhigen.

Mit dem Brot und dem Teller in der Hand wanderte ich ein bisschen durch die Küche. Vor einem kleinen, gerahmten Foto an der Wand blieb ich stehen. Es zeigte eine junge Frau mit rotem Haar und einen kleinen Jungen. Die beiden trugen rote Gummistiefel und liefen am Strand entlang.

Die Frau war Ines, das erkannte ich gleich, und der kleine Junge – das musste ihr Sohn gewesen sein. Ich trat ein wenig näher an das Foto heran. Er hatte einen großen Leberfleck mitten auf der rechten Backe und strahlend grüne Augen. Ines' rotes Haar wehte ihr ins Gesicht und man brauchte die beiden bloß mit dem Hinterkopf anzusehen, um zu wissen, dass sie glücklich waren.

In diesem Moment geschah es.

Ich war so sehr in das Bild vertieft, dass ich den Teller fallen ließ.

Er zerbrach mit einem einzigen kleinen Klirren auf dem Küchenboden in einen Regen aus winzigen Porzellansplittern und ich konnte eine Weile nichts tun, als dastehen und die Splitter anstarren.

Das Spray in meiner Tasche brachte die Luft zurück, aber den Teller, den brachte es nicht zurück.

Was würde Paul sagen, wenn er nach Hause kam?

In einem Schrank fand ich einen Handfeger. Ich zog meinen Pullover aus und fegte die Scherben hinein, danach verknotete ich ihn sorgfältig und rannte nach oben, um das Bündel unter meiner Matratze zu verstecken.

Vielleicht würde niemand merken, dass ein Teller fehlte.

Aber wahrscheinlich doch.

Als ich endlich wieder vor der Tür mit der silbernen Klinke stand, war meine Angst weg. Sie war mit dem Teller zerbrochen. Denn dass ich ihn hatte fallen lassen, an meinem allerallerersten Tag in diesem Haus, das war so furchtbar, dass alles andere auf einmal vollkommen gleichgültig schien. Sollte mich doch hinter der Tür ein Ungeheuer erwarten, jetzt war alles egal.

Ich öffnete die Tür sehr ruhig und schloss sie genauso ruhig wieder hinter mir.

Das blaue Dämmerlicht lag so unwirklich über dem Raum wie zuvor. Nichts hatte sich verändert.

Aber dann sah ich, dass sich *doch* etwas verändert hatte.

Jemand stand jetzt am Fenster und sah hinaus.

Er war ungefähr so groß wie ich und kehrte mir den Rücken zu.

Wahrscheinlich, dachte ich, hatte er mich noch nicht bemerkt. Ich machte einen Schritt vorwärts, dann noch einen. Als ich ganz nahe am Fenster war, blieb ich stehen.

Der Jemand hatte rötliches Haar, das ihm bis auf die Schultern fiel, und trug ein zu langes weißes Hemd – sonst nichts. Zuerst dachte ich, es wäre ein Mädchen, aber als er sprach, da war seine Stimme die eines Jungen.

„Du bist also wiedergekommen“, sagte er, ohne sich umzudrehen.

Ich erschrak. „Woher weißt du, dass ich schon einmal ...? Warst du die ganze Zeit hier?“

„Unter dem Bett“, antwortete er.

„Unter dem Bett?“, fragte ich verwirrt.

Er nickte. „Ich hatte mich versteckt. Ich wusste ja nicht, wer du bist und ob man dir trauen kann.“

„Und jetzt? Nun weißt du, ob man mir trauen kann?“

Was für ein äußerst merkwürdiges Gespräch, dachte ich. Was für eine äußerst merkwürdige Begegnung.

„Noch nicht genau“, erwiderte er. „Aber ich denke schon.“

„Was tust du hier?“, fragte ich. „Dieses Zimmer, die Gitterfenster, was bedeutet das alles? Wer bist du?“

„Weißt du das denn nicht?“, fragte er zurück.

Dann drehte er sich um.

Er hatte einen großen Leberfleck mitten auf der Backe und strahlend grüne Augen.

„Ich bin Arnim“, sagte er. „Und du, du bist Achim, nicht wahr?“

3. Kapitel,

in welchem ich eine schwere Entscheidung treffe und fliegen lerne

„Ihr habt mich nur genommen, weil ich fast so heiße wie er“, sagte ich.

Paul streifte seine Schuhe ab und sah mich verwirrt an.

„Wie wer?“, fragte er.

„Na, euer Sohn!“, murmelte ich und vergrub meine Hände so tief in den Taschen, dass sie beinahe unten wieder herauskamen. „Arnim.“

Paul hängte seine Jacke an einen Haken. „Haben dir die Nachbarskinder das erzählt?“

Er legte seine Hände auf meine Schultern.

„Achim“, sagte er. „Wir haben dich zu uns geholt, weil wir *dich* haben wollten, und sonst wegen nichts. Verstehst du? Und warum hast du nur ein Unterhemd an?“

Ich drehte mich ohne ein Wort um und rannte die schmale Treppe hinauf in mein Zimmer, das gar nicht meins war, sondern das der Ribbeks. Oder Arnims.

Ich warf mich aufs Bett und vergrub den Kopf in Lukas, denn Lukas gehörte mir ganz alleine, und in ihn konnte ich hineinweinen, so lange ich wollte.

Der Pullover mit den Scherben drin machte eine kleine Beule, ich konnte sie an meiner Schulter spüren.

Unten rief Paul nach mir, aber ich antwortete nicht.

Später, als ich ihn unten in der Küche mit Töpfen klappern und pfeifen hörte, nahm ich Lukas unter den Arm und ging mit ihm auf dem Dielenboden auf und ab – wie ein Käfer in einer Streichholzschachtel oder ein Dings, ein Tiger, in seinem Käfig.

Über den bunten Teppich, an den Regalen entlang, auf und ab, und dabei erzählte ich ihm von all dem Seltsamen und Sonderbaren, das Arnim *mir* erzählt hatte.

So seltsam und sonderbar war es, dass ich es selbst kaum glauben konnte.

Ich hatte recht gehabt: Der Turm war wirklich ein Gefängnis, Arnims Gefängnis – und das schon seit dem Tag, an dem der Lastwagen ihn damals erwischt hatte.

„Ich wollte über die Straße“, hatte Arnim gesagt. „Ganz plötzlich quietschten Reifen und es gab eine Art Feuerwerk, eine Explosion, und ich war mittendrin. Wahrscheinlich fand die Explosion nur in meinem Kopf statt. Als sie vorüber war, stand ich auf einmal auf dem Bürgersteig, aber auf der Straße lag ich auch, ich konnte mich dort liegen sehen – vollkommen bewegungslos.

Irgendwie wusste ich, dass ich mein altes Ich auf der Straße nicht mehr brauchte. Ich hatte es zurückgelassen – es war ganz unwichtig geworden, aber Ines stürzte darauf zu und schrie meinen Namen.

Ich wollte ihr nachrennen, aber ehe ich sie erreichte, wurde alles dunkel um mich. Es war, als wäre ich in einen tiefen Schlaf gefallen. Und als ich aufwachte, war ich hier und stellte fest, dass ich ein altes Hemd von Paul trug, sonst nichts, und dass ich die Tür nicht öffnen konnte. Ich legte mein Ohr daran und lauschte. Da hörte ich Ines und Paul weinen und wunderte mich. Irgendwann rief jemand an und Ines weinte auch am Telefon. Sie sagte, ich wäre gestorben. Und das musste wohl wahr sein, denn alles war ganz anders als vorher – ich hatte keinen Hunger mehr und keinen Durst, und die Zeit verging auch anders.

Ja, gestorben, das war ich, aber Ines und Paul verlassen, das konnte ich nicht.

Sosehr ich es auch wünschte. Ich wollte, dass sie aufhörten zu weinen, und ich wollte fort von hier ... Siehst du die Vögel?", hatte Arnim gefragt und mich ans Fenster gezogen, wo das eiserne Gitter die Aussicht in viele kleine Kästchen zerschnitt.

„Siehst du, wie sie sich sammeln, um nach Süden zu fliegen? Früher waren sie Menschen wie du, und sie sind gestorben, wie ich. Aber sie sind frei. Sie können fliegen, wohin sie wollen. Und glaub mir, es gibt noch viel mehr als bloß Hügel und Gras in dem Land dort unten. Jedes Jahr im Sommer kommen sie wieder, um die zu holen, die bereit sind, mit ihnen zu gehen."

„Und du? Warum bist du kein Vogel geworden? Warum gehst du nicht mit ihnen?"

Arnim hatte lange geschwiegen. Dann hatte er gesagt: „Ich kann nicht. *Er* ist da, weißt du, und er sorgt dafür, dass ich nicht kann."

„Wer ist *er*?", hatte ich gefragt.

Aber Arnim hatte rasch seinen Finger an die Lippen gelegt.

„Sprich lieber nicht von ihm. Er könnte uns hören. Er ist groß und mächtig, und er hat keinen Namen. Manchmal fliegen die Vögel hier zu mir herauf und sprechen mit mir. Sie haben mir erzählt, er hätte viele Gefangene, überall auf der Welt. Er baut sein Schloss aus der Sehnsucht derer, die er gefangen hält – ihrer Sehnsucht, endlich frei zu sein und fortzufliegen. Und aus der Trauer jener, die noch immer an uns denken und uns nicht loslassen können. Aus schwarzen und weißen Steinen baut er seinen Palast, immer größer und größer, sagen die Vögel. Sie haben ihn gesehen auf ihren Reisen, sie müssen es wissen. Meine Sehnsucht, sagen sie, wird zu weißen Steinen, wenn er sie stiehlt, und die Trauer meiner Eltern zu schwarzen."

„Du meinst, er melkt die Trauer und die Sehnsucht aus euch heraus wie Milch aus einer Kuh?"

Arnim hatte ein wenig gelacht, aber nicht sehr froh.

„Ich weiß nicht, wie er es macht. Wenn ich das wüsste, wäre ich vielleicht frei."

Irgendwann kam Ines nach Hause und machte den Plattenspieler an, und aus der Küche roch es nach Zwiebeln und ein klein wenig angebrannt.

Ich schlich mich die Treppe hinunter und schämte mich, dass der Tisch schon gedeckt war und ich kein bisschen geholfen hatte.

Aber außer mir schien niemand das zu merken.

„Wie war dein Tag?", fragte Ines, als wir am Tisch saßen.

„Hm", sagte ich und stopfte etwas Kartoffelbrei in

meinen Mund. Mit Kartoffelbrei im Mund kann man nicht viel sagen.

Paul verteilte Fischstäbchen. „Vorhin waren sie ultratiefgekühlt“, sagte er. „Ich glaube, jetzt sind sie ultrahoch erhitzt oder so ähnlich.“

Ines beugte sich über den Tisch und küsste ihn auf die Nasenspitze.

„Sie sind verbrannt“, sagte sie fröhlich. „Das ist alles. Wir essen sie trotzdem.“

Niemand machte eine Bemerkung über fehlende Teller.

Ich schob den Kartoffelbrei auf meinem Teller hin und her und überlegte, wie ich unauffällig herausfinden konnte, ob Paul und Ines von dem Adoptivzimmer wussten.

„Die Türklinken hier sind sehr schön“, sagte ich schließlich und kam mir dabei ziemlich dumm vor. „Sind sie eigentlich alle ... sind sie alle gleich?“

Ines sah mich komisch an. „Ich habe noch nie ein elfjähriges Kind kennengelernt, das sich für Türklinken interessiert“, sagte sie.

„Hier ist eben jemand, der Geschmack hat“, meinte Paul. „Weißt du, Ines wollte so alte, furchtbare, aus Messing und mit falschem Rost und so ...“

„Halt den Mund!“

Ines warf ein klitzekleines Stück angebrannten Fisch nach ihm.

Wirklich, dachte ich, diese Ribbeks waren vielleicht erwachsen. Aber sehr erwachsen, nein, sehr erwachsen waren sie nicht.

„Jedenfalls habe ich die roten Türklinken ausgesucht“, erklärte Paul, während er das Stück Fisch von seiner Backe klaubte. „Und auch wenn du einen Wal auf mich wirfst, meine liebe Frau, sind doch alle Klinken in diesem Haus aus rotem Plastik.“

„Und es gibt keine einzige silberne oder so?“, fragte ich.

„Silbern?“ Ines lachte. „Vielleicht, wenn Paul Chefkoch wird und wir demnächst reich sind.“

„Hm“, sagte ich. Aber ich dachte viel mehr als „hm“. Ich dachte: *Sie wissen nichts von der Tür.*

„Wie war es eigentlich gestern drüben?“, fragte Ines am nächsten Morgen, als sie ihre Mütze vom Haken nahm. „Mit den Kindern … Ich komme jetzt nicht auf ihre Namen …?“

„War o. k.“, beeilte ich mich zu sagen, ehe sie fragte, wie die beiden hießen.

„Was habt ihr denn gemacht?“, erkundigte sie sich, während sie die Mütze aus Versehen verkehrt herum aufsetzte.

„Och, so dies und das“, sagte ich.

„Dann ist es kein Problem, wenn du wieder zu ihnen gehst?“

„Nein, nein“, sagte ich.

„Und du kommst bestimmt mit ihnen aus?“

„Ja, ja“, sagte ich.

„Zieh dich warm genug an“, meinte Ines. „Es ist kalt geworden draußen.“

Kaum war sie fort, rannte ich die Treppe hinauf

und durch den Flur bis zu der Tür mit dem runden Bogen oben.

Ich drückte die silberne Klinke hinunter und trat ein.

Arnim stand am Fenster und sprach mit jemandem.

„Meinst du wirklich?", hörte ich ihn sagen, als ich die Tür zum Adoptivzimmer hinter mir schloss. „Meinst du, er könnte das tun?" Dabei spielten seine Finger nervös mit den Blüten der Kletterpflanze.

Ich wartete auf eine Antwort, aber es kam keine – nur ein helles Zwitschern, dann ein Geräusch wie von Flügelschlagen, und dann drehte Arnim sich um.

„Achim", sagte er. „Da bist du ja."

Als wäre es ganz selbstverständlich, dass ich da war!

„Mit wem hast du gesprochen?“, wollte ich wissen.

„Mit einem von den Vögeln. Vierkattel. Ich unterhalte mich oft mit ihm.“

Ich fand, Vierkattel war ein merkwürdiger Name für einen Vogel – es war ein merkwürdiger Name für *irgendwen*, aber das behielt ich für mich.

Arnim setzte sich auf das eiserne Bett und ich setzte mich neben ihn.

Die Matratze war genauso hart, wie man sich das in einem Gefängnis vorstellt. Doch vielleicht merkte man das nicht so, wenn man tot war.

Ich zog die Knie an und umschlang sie mit den Armen. „Es ist so kalt hier.“

„Das ist die Kälte des Namenlosen“, sagte Arnim. „Er baut seinen Palast noch immer. Erinnerst du dich daran, was ich dir erzählt habe?“

Ich nickte. „Aus ihrer Trauer und deiner Sehnsucht“, sagte ich, und er wiederholte: „Aus ihrer Trauer und meiner Sehnsucht.“

Es klang feierlich, als wir es sagten, wie ein Zauberspruch.

Und dann nahm er meine Hände und sah mich mit seinen grünen Augen ernst an.

„Erinnerst du dich auch daran, was ich dir noch erzählt habe? Daran, dass ich nicht weiß, wie es ihm gelingt, mich gefangen zu halten? Dass ich nicht weiß, warum ich mich nicht in einen Vogel verwandeln kann?“

Und wieder nickte ich. Die Feierlichkeit hatte sich im Raum ausgebreitet und hüllte uns ein wie eine feuchte, drückende Wolke.

„Der Palast von dem ohne Namen", fuhr Arnim fort, „ist weit, weit weg. Dorthin trägt er die Trauer und die Sehnsucht, und dort muss die Antwort liegen. Ich kann diesen Raum nicht verlassen. Aber du, du kannst es."

Ich schluckte.

„Achim", sagte er. „Du bist der Einzige, der mich in all den Jahren hier gefunden hat. Und du bist der Einzige, der für mich gehen kann."

Ich sprang auf und ging zum Fenster hinüber. Die Kletterpflanze streckte mir eine weiße Blüte entgegen und ich sog ihren süßen Duft tief ein, um mich zu beruhigen. Mein Herz klopfte in mir wie eine Uhr.

„Ich kann genauso wenig durch das Gitter hindurch wie du!", rief ich. „Und selbst wenn ich hindurchkäme, dann würde ich sieben Stockwerke weit hinunterfallen!"

Verzweifelt drehte ich mich zu Arnim um.

Er saß noch immer auf dem eisernen Bett und sein Gesicht war so ernst wie zuvor.

„Es gibt eine Möglichkeit", erklärte er. „Die Vögel haben es mir erzählt. Für eine gewisse Zeit und durch einen gewissen Zauber – könntest du zu einem der ihren werden."

„Ich – ich soll mich in einen Vogel verwandeln?", fragte ich ungläubig. „Ich – ich meine, ich könnte das einfach? Und du kannst es nicht?"

Er nickte.

„Vergiss nicht – es gibt einen großen Unterschied zwischen uns. Du kannst auch durch die Tür gehen. Ich kann es nicht."

„Der Unterschied ist … dass ich noch lebe?“

Arnim schüttelte den Kopf. „Der Unterschied ist, dass *du* freiwillig gekommen bist.“

Ich starrte lange durch das Fenster in die Hügellandschaft hinaus und dachte nach.

Man kann nicht einfach „ja, ja“ sagen, wenn einen jemand fragt, ob man sich in einen Vogel verwandeln will. Und ob man zu einem Palast fliegen und von einem mächtigen Namenlosen womöglich zu Geflügelhackfleischbällchen verarbeitet werden will.

Was würde Paul sagen, wenn er an diesem Tag von der Schule für Erwachsene nach Hause kam – und ich war nicht da?

Ich stellte mir vor, wie er in allen Schränken nach mir suchte.

„Achim!“, würde er rufen. „Achim, wo bist du?“

Aber ich wäre weit fort und könnte nicht antworten. Und dann würde Paul zu Ines sagen: „Ich kann den Jungen nicht finden. Wahrscheinlich ist er weggelaufen. Wahrscheinlich gefiel es ihm bei uns nicht. Na ja, er war ja sowieso nur zwei Tage da.“

Und schließlich würden sie den Plattenspieler anmachen und Marmelade essen und mich vergessen.

Während mich vielleicht gerade ein Geschöpf ohne Namen mit seinen Klauen in kleine Teile zerfetzte.

Ein dicker Kloß wuchs in meinem Hals heran. Zum ersten Mal merkte ich, dass ich doch ganz gerne hier geblieben wäre – bei den Apfelbäumen und dem bunten Teppich und bei Ines und Paul. Ich war noch nicht einmal am Meer gewesen!

Doch dann dachte ich an Arnim, der auf dem Eisenbett saß und darauf wartete, dass ich meine Entscheidung traf.

„Du bist der Einzige, der für mich gehen kann", hatte er gesagt.

Wie groß seine Sehnsucht nach der Freiheit sein musste!

Und Ines und Paul? Was nützte es, wenn ich bei ihnen blieb und sie doch tief innen immer nur traurig waren?

Vielleicht, dachte ich, war das der einzige Weg. Vielleicht musste ich gehen, damit ihre Trauer endlich aufhörte und Arnim fortfliegen konnte.

Ich seufzte tief und kam mir mit einem Mal viel älter vor als elf.

„Okay", sagte ich.

„Bist du ganz sicher?", fragte Arnim.

„Ja."

Da legte mir Arnim eine kalte Hand auf die Schulter und sagte etwas sehr Seltsames. Er sagte: „Achim, mein Bruder."

Der Klang dieser Worte durchrieselte mich wie – na, so ähnlich wie die Schokoflocken beim Sonntagsfrühstück im Heim aus ihrer Plastiktüte gerieselt waren. Schön und knisterig und ein bisschen feierlich. Nun ja, dachte ich, irgendwie hatte Arnim recht, ein bisschen waren wir ja so etwas wie Brüder.

„Dann können wir sie ja jetzt rufen", sagte er.

Und er streckte einen Arm durch das Gitter und pfiff eine Melodie, die ich noch nie gehört hatte und die gleichzeitig wunderschön und unendlich traurig war.

Er hatte sie noch nicht ganz zu Ende gepfiffen, da landete ein großer tiefblauer Vogel mit langem, geschwungenem Hals auf seiner Hand, schlug ein paarmal mit den Flügeln und legte den Kopf schief.

„Du hast ihn hergebracht“, sagte der Vogel. Seine Stimme klang gar nicht wie die eines Vogels, weder krächzend noch piepsig. Sie klang tief und voll und hätte gut zu einem großen, starken Mann mit wildem Vollbart gepasst. Ich fragte mich im Stillen, ob er das einmal gewesen war.

„Das ist Nreur“, erklärte Arnim.

„Wie?“, fragte ich. „Das kann ich unmöglich aussprechen.“

„Brauchst du nicht“, sagte der Vogel und lachte. Ich hatte bis dahin nicht gewusst, dass Vögel lachen können – aber eigentlich war es ja auch die Stimme von dem Mann mit dem Vollbart, die lachte.

„Er braucht jemanden, der ihn zum Palast des ...“ Arnim sah sich um und verstummte. „Er braucht jemanden, der ihn führt, Nreur.“

Der Vogel nickte. „Die Gelbe wird das tun.“

Dann kletterte er auf Arnims Arm näher ans Gitter heran und schlängelte seinen Hals hindurch. „Du bist ein mutiger Junge“, sagte er. „Wie heißt du?“

„Ich heiße Achim“, sagte ich.

„Gut. Gib mir deine Hand, Achim. Handfläche nach oben.“

Ich zögerte. Doch dann streckte ich ihm die Hand

hin – und ehe ich sie wieder wegziehen konnte, hatte er mit seinem scharfen Schnabel auch schon einen tiefen Ritz hineingeschnitten. Ich schrie auf. Ein dünnes Rinnsal Blut lief an meinem Arm hinab.

„Psch, psch“, machte der Vogel. „Hab dich nicht so. Ich dachte, du willst mutig sein? Leg deine Hand auf meine Brust. Ja, so ist es richtig ...“

Als er „richtig“ sagte, saß ich bereits vor ihm auf dem Fensterbrett. Die Maschen des Gitters waren mit einem Mal viel weiter geworden; ich konnte bequem durch sie hindurchschlüpfen.

Und der tiefblaue Vogel mit dem unaussprechlichen Namen überragte mich jetzt ein ganzes Stück.

„Hübsch“, stellte er fest.

Ich sah an mir hinunter, und obwohl ich es ja hätte wissen sollen, wäre ich vor Schreck beinahe vom Fenstersims gekippt. Da war nichts als Federn – eine unglaubliche Masse flauschiger weißer Federn mit violetten Sprenkeln, ganz ähnlich wie die Blüten der Kletterpflanze an der Turmmauer. Unten guckten zwei grüne Beine heraus. Mein Hals war nicht so lang wie der von Nreur, aber trotzdem sehr beweglich. Es war ein komisches Gefühl, ihn zu biegen und hinter sich zu sehen.

„Mach’s gut, Achim“, sagte Arnim und streichelte durch das Gitter hindurch mein Gefieder.

Seine grünen Augen waren jetzt nicht mehr nur ernst, sie waren voll Sorge.

Sorge um mich. Dabei hätte er sich doch freuen sollen, dass ich mich dafür entschieden hatte zu gehen!

Ich stieß mich ab und flog in die leere Luft hinaus.

Oh, und wie ich flog! Was für ein herrliches Gefühl das war, nichts unter sich zu haben als die Aussicht auf das Land und nichts über sich als den Himmel!

Natürlich kannte ich *Nils Holgerson* und die *Unendliche Geschichte* und *Bibi Blocksberg*, doch das waren bloß Filme, und ich hier war die Wirklichkeit.

Außerdem ließen sie sich alle tragen, ich aber, ich flog vollkommen alleine, ich bewegte meine Schwingen auf und ab und ließ das Land unter mir vorübergleiten.

Und da verstand ich Arnims Sehnsucht.

Ich würde den Palast des Namenlosen betreten und herausfinden, was er wissen musste, um sich ebenfalls in einen Vogel zu verwandeln. Und dann würde er frei sein.

Neben mir segelte der große dunkelblaue Vogel dahin und nickte von Zeit zu Zeit.

„So ist es richtig“, sagte er. „Schön gleichmäßig – den linken Flügel ein wenig anheben ... nein, nicht so viel ...“

Hätte mir Karl vor zwei Tagen erzählt, ich würde in Kürze sieben Stockwerke über dem Erdboden Flugunterricht von einem tiefblauen Vogel bekommen, ich hätte ihn ausgelacht.

Die Hügel unter uns wichen bald einem dichten Wald aus blühenden Bäumen – Bäumen, wie man sie sich vielleicht in Afrika vorstellt, wenn es geregnet hat, oder in einem Gewächshaus. Und auch hier saßen überall Vögel und schnatterten und zwitscherten miteinander, dass man es bis zu uns heraufhörte.

„Wann werdet ihr nach Süden fliegen?“, fragte ich Nreur.

„In ein, zwei Wochen“, antwortete er.

„Dann sollte ich mich mit dem Herausfinden beeilen“, sagte ich, „damit Arnim mit euch fliegen kann.“

Wir flogen lange, ohne zu rasten, über Wiesen und Berge und Wälder und Seen – doch seltsamerweise spürte ich keine Müdigkeit.

Aber auch hier wurde es irgendwann Abend, und als die Schatten in die Länge wuchsen und nach dem Land griffen, sah ich über uns, weit, weit oben, noch einen anderen Schatten kreisen, der nichts mit dem Abend zu tun hatte.

Nreur sah ihn auch. Ich merkte, wie er immer unruhiger wurde. Alle paar Meter blickte er sich jetzt um, als fürchtete er, der Schatten würde plötzlich *hinter* uns auftauchen.

„Bis hierher und nicht weiter“, sagte er schließlich. „Ich muss zu meinem Schwarm zurückkehren. Sie brauchen mich, denn es ist meine Aufgabe, sie nach Süden zu führen. Von hier ab wird jemand anders dich begleiten.“

Und er pfiff die gleiche wunderschöne, tieftraurige Melodie, mit der Arnim ihn herbeigerufen hatte. Kaum hatte er sie beendet, flog ein anderer Vogel neben uns – ein kleiner quittengelber, der ein bisschen aussah wie ein Spatz.

„Das ist die Gelbe“, erklärte Nreur. „Eigentlich heißt sie Gelbe-Erbse-von-Santourini, aber wir nennen sie nur die Gelbe. Sie ist die Schwester der Kleinen-mit-Klippfisch."

„Ach", sagte ich.

Nreur machte eine Kehrtwende und war im nächsten Moment außer Sichtweite.

„Ihr habt verflixt merkwürdige Namen", sagte ich zu der Gelben.

Sie nickte. „Arnim hat sie uns gegeben. Damals war er noch klein, weißt du."

„Und er hat Dinge erfunden wie Kleine-mit-Klippfisch?"

„Nun ja – es stand auf einer deutschen Speisekarte, irgendwo in einem Ferienland. Falsch übersetzt. Paul hat sie Arnim damals vorgelesen. Er liebt es, diese Geschichte zu erzählen ..." Sie verstummte.

„Warum fliegst du zum Palast, und Nreur tut es nicht?", wollte ich wissen. „Ist es für dich denn nicht gefährlich?"

„Doch", antwortete sie, „aber Nreur leitet den Zug nach Süden. Er wird gebraucht. Ich nicht."

Sie schwieg eine Weile und ich konnte fühlen, wie mein Mut immer weniger wurde und schließlich beinahe ganz verschwand.

„Was – was kann denn schlimmstenfalls passieren?", fragte ich.

Sie antwortete nicht.

„Da unten", sagte sie stattdessen, „kannst du ihn sehen?"

Ja, und da sah ich ihn. Den Palast.

Seine Kuppeln und Dächer glänzten in den letz-

ten Strahlen des Tageslichts und seine Türme ragten in den Himmel wie stolze Vogelhälse. Die Mauern schimmerten gleich Elfenbein und Ebenholz, aber ich wusste, dass es das Schwarz der Trauer und das Weiß der Sehnsucht waren, aus denen der Namenlose ihn erbaut hatte.

„Und er wächst jeden Tag weiter", sagte die Gelbe, als hätte sie meine Gedanken erraten.

Der Palast stand in einem riesigen Garten, voll von den schönsten Bäumen, die ich jemals gesehen hatte.

Ich konnte mir nicht erklären, warum sie schöner waren als die blühenden Bäume in dem Wald mit den vielen Vögeln, doch sie waren so schön, dass es tief in mir wehtat, wenn ich hinsah.

Abermals schien die Gelbe zu wissen, was ich dachte, oder vielleicht ging es auch einfach jedem beim Anblick des Palastgartens so, denn sie sagte:

„Das ist, weil sie so traurig sind. Die Trauer bringt eine Schönheit hervor, die man mit nichts vergleichen kann."

Und dann flog auch die Gelbe nicht weiter.

Sie nickte mir zu und drehte ab, genau wie zuvor Nreur. Ich blickte hinauf, um nach dem bedrohlichen Schatten am Himmel zu suchen, und dachte, so müssen sich Singvögel fühlen, wenn der Habicht in der Nähe ist. Aber was immer auch zuvor da gewesen war, es war jetzt fort.

Die Sonne ging in einer Pfütze roter und violetter Farbe am Horizont unter, als ich zwischen den Bäumen am Rande des Palastgartens landete. Ich kniete mich nieder, um meinen Schuh zuzubinden, der aufgegangen war.

Moment, dachte ich, als Vogel hat man doch keine Schuhe.

Ich blickte an mir hinab: ein roter Pullover, zwei Beine in Jeans und Ringelsocken.

Wirklich, ich war wieder ein Mensch.

Ich setzte mich auf eine Baumwurzel und atmete den süßen Duft des Gartens mit meiner Menschennase ein.

In diesem Moment war es, als legte jemand einen Schalter um.

Plötzlich saß ich nicht mehr auf der Wurzel, sondern stand in einem Zimmer, in dem eine kleine Öllampe brannte.

Ich schüttelte verwirrt den Kopf und erkannte, dass es das Adoptivzimmer war.

Die Öllampe stand auf dem eisernen Tisch, und daran saß Arnim und blickte mich verwundert an.

„Oh“, sagte ich.

„Du – du bist aus dem Bild gekommen“, stellte Arnim fest.

„Wie?“ Ich drehte mich um. Hinter mir hing das merkwürdige Bild, das mir schon zu Anfang aufgefallen war. Das, auf dem ein Junge in rotem Pullover und Jeans zu sehen war, der unter einem Baum in einem Garten saß. Und dieser Junge war ohne jeden Zweifel ich.

„Wie – was – wie komme ich denn nun wieder in den Palastgarten?“, stotterte ich.

Arnim zuckte mit den Achseln. „Ich nehme an, du musst zurück in das Bild“, sagte er. „Aber das kannst du auch morgen tun. Jetzt ist es höchste Zeit zum Abendessen. Ich wette, Paul und Ines fragen sich schon, wo du bleibst.“

4. Kapitel,

in welchem
das Meer Schaumkronen hat
und ich mit einem Lied gewarnt werde

Es gelang mir, mich unbemerkt hinauszuschleichen und dann mit viel Getöse wieder hereinzukommen, damit Ines und Paul merkten, dass ich von draußen kam.

„Achim?“, rief Ines aus der Küche.

„Ich komme schon!“, rief ich zurück und lärmte mit meinen Schuhen.

„Du bist etwas ... spät dran“, sagte Paul, als ich kurz darauf auf einen Stuhl glitt.

„Hm.“

„Wir haben uns ein bisschen Sorgen gemacht“, sagte Ines. Sie sah aber gar nicht aus, als hätte sie sich ein bisschen Sorgen gemacht. Sie sah aus, als hätte sie sich ziemlich Sorgen gemacht. Ihre Augen waren gerötet wie vom Weinen, und ihre Haare hatten sich gelöst.

Ich guckte auf meinen Teller und fühlte mich elend.

„Tut mir leid“, flüsterte ich.

„Wahrscheinlich ... mache ich mir zu viele Gedanken“, sagte Ines leise. „Es ist nur ...“

Ich sah, wie Paul ihr die Hand auf den Arm legte.

„Es ist nur ... wegen damals“, fuhr sie fort. „Weißt du, Achim, ich dachte, vielleicht ist dir auch etwas passiert ... Die große Straße ist ja nicht so weit weg ...“

Paul stand auf und legte die Arme um sie.

Ich saß nur da und wusste nicht, was ich tun sollte. Es war meine Schuld, dass Ines jetzt den Kopf hängen ließ, es war meine Schuld, dass eine Träne sich über ihre Wange stahl.

„Hat Paul dir erzählt, dass Arnim jetzt so alt wäre wie du?“, flüsterte sie und wischte die Träne ab.

„Ja“, sagte ich.

Schweigend aßen wir angebrannte, kalt gewordene Kartoffelpuffer, während draußen vor dem Küchenfenster die Sterne aufgingen.

„Hör mal“, sagte Paul endlich. „Ich habe beschlossen, mir morgen Vormittag freizunehmen. Ich bekomme ganz plötzlich Grippe oder so. Und dann zeige ich dir den Strand. Was hältst du davon, Achim?“

Ich nickte. „Das wäre bestimmt gut.“

Aber insgeheim wand ich mich verzweifelt wie ein Regenwurm.

Bevor ich das Adoptivzimmer betreten hatte, wäre ich begeistert gewesen, dass Paul sich extra für mich freinehmen wollte. Aber jetzt hatte ich etwas vor.

Es blieb nicht mehr viel Zeit, bis die Vögel nach Süden zogen, und bis dahin musste ich herausfinden, wie wir Arnim befreien konnten.

Später, als ich im Bett lag, erwog ich, gleich jetzt in der Nacht hinüber zu der Tür zu schleichen – aber womöglich wäre ich nicht rechtzeitig zurück, und wenn ich morgens nicht in meinem Bett läge, würde Ines wahrscheinlich vollkommen durchdrehen.

Der Strand war gar nicht weit weg.

Wir brachen gleich nach dem Frühstück auf und Ines packte uns ein Picknick ein.

„Ich gehe arbeiten", sagte sie. „Einer muss ja hier das Geld verdienen."

Aber sie lachte dabei, und wenn man nicht ganz genau hinsah, konnte man keine Spuren mehr von der Gestern-Abend-Ines in der Heute-Morgen-Ines entdecken.

Ich sagte: Wir gingen zum Strand.

Aber das stimmt gar nicht. Wir fuhren.

Neben dem Haus gab es einen Schuppen, und dort standen zwischen Schaufeln, Eimern, Skiern und zusammengeklappten Sonnenliegen auch drei Fahrräder. Zwei große, ein kleines.

„Das ist deins", sagte Paul und zeigte auf das kleine. „Ich habe es gestern von einem Kollegen bekommen. Sein Sohn ist zu groß dafür geworden."

Das Fahrrad war rot mit einem schwarzen Lenker und hatte eine echte Herrenrad-Stange und eine große Messingklingel. Ich hatte noch nie ein eigenes Fahrrad besessen. Im Kinderheim hatten wir die Räder immer alle abwechselnd benutzt.

„Bist du – bist du dir sicher, dass es meins ist?", erkundigte ich mich sicherheitshalber.

„Na, meins ist es bestimmt nicht", sagte Paul und setzte sich darauf. Seine Knie berührten fast seine Ohren. Ich kicherte.

„Also muss es wohl deins sein", meinte Paul, „denn sonst haben wir ja wohl niemanden im Haus, der darauf fahren kann."

„Doch“, sagte ich. „Arnim.“

Aber ich sagte es so leise, dass Paul es nicht hörte.

Und dann stiegen wir auf die Räder und fuhren los.

Der Weg war holperig und führte zwischen zwei Feldern durch, und die Messingklingel messingklingelte bei jedem Stein von selbst.

„Ich glaube, dein Fahrrad will sich unterhalten“, sagte Paul. „Ich glaube, dein Fahrrad ist eine richtige Tratschtante.“

Am Strand stellten wir die Fahrräder in einen Ständer, der sonst ganz leer war. Das Meer lag blau und unendlich vor uns, die Sonne war weggegangen und hatte nur den Wind dagelassen, der uns kalt um die Ohren pfiff – aber das machte nichts.

Ines hatte mir ihren Schal geliehen, weil er viel größer und kuscheliger war als meiner. Er war aber auch viel länger. „Jetzt siehst du aus wie eine Mumie“, stellte Paul fest. „Eine Meer-Mumie. Klingt gut, oder?“

„Hm“, sagte ich. Diesmal konnte ich gar nichts anders sagen. Der Schal reichte mir nämlich über den Mund bis zur Nasenspitze hinauf.

Wir wanderten am Wasser entlang und fanden eine Menge Muscheln und Steine. Paul hatte eine Tüte mitgebracht, in die wir sie hineinfanden.

Zum Glück bekam man im Heim stabile Gummistiefel – wenn wir bei Regen damit zur Schule gegangen waren, hatten uns die anderen immer komisch angeguckt und gekichert, aber für den Strand waren sie perfekt. Außerdem trug Paul auch welche. Meine waren rot, seine gelb. Wenn hier alle Leute Gummistiefel trugen, konnte ja wohl in der Schule auch keiner lachen.

Und da fiel mir etwas Fürchterliches ein.

Ich schob den Schal hinunter und zog Paul am Ärmel. „Paul“, sagte ich, „Paul, was ist denn mit der Schule? Heute ist Mittwoch und eigentlich sollte sie am Mittwoch losgehen.“

Mir wurde ganz schlecht bei dem Gedanken, dass ich gerade den ersten Tag in der neuen Schule verpasste.

Aber Paul drehte sich nur um und grinste.

„Hier fängt sie erst –“, er rechnete, „übernächste Woche Montag an“, sagte er schließlich. „Die Ferien haben hier später angefangen. Du hast noch eineinhalb Wochen Zeit, um alle Muscheln am Strand zu sammeln und ein Hochhaus daraus zu bauen.“

Ich lachte erleichtert. „Vielleicht kein Hochhaus“, sagte ich. „Ich baue ein Tiefhaus. Das gibt es noch nicht.“

Paul sah mich ganz erstaunt an, weil ich einen so langen Satz gesagt hatte.

Als die Tüte voll war und nicht ein einziger Stein mehr hineinpasste, beschlossen wir zu picknicken. Wir lehnten uns mit den Rücken an ein Fischerboot, das jemand auf den Strand gezogen hatte, und packten Ines’ Korb aus.

Dann saßen wir da und tranken dampfenden Tee aus einer Thermoskanne und aßen unsere Butterbrote, die jetzt genau die Form der Tupperdosen hatten, in die Ines sie gepackt hatte.

Ich war erst einmal in meinem Leben am Meer gewesen, auf Kur, weil ich so gehustet hatte und immer keine Luft bekam und so. Ich kann mich fast gar nicht daran erinnern, aber ich bin ziemlich sicher, dass wir keinen heißen Tee und keine Butterbrote am Strand hatten.

Das mit der Luft stimmte: Hier an der See gab es mehr davon. Seit ich bei den Ribbeks war, hatte ich mein Spray noch fast gar nicht gebraucht.

Ich wollte Paul davon erzählen, aber dann dachte ich, vielleicht weiß er ja nicht, dass ich Asthma habe, und wenn ich es ihm sage, will er mich nicht mehr haben. Also schwieg ich lieber.

Das Meer hatte Schaumkronen bekommen und Paul sagte: „Jetzt wird es bald richtig Herbst.“

Wir stiegen wieder auf unsere Fahrräder und fuhren den holprigen Weg zurück, und meine Klingel unterhielt sich, und es begann zu regnen.

Zu Hause sagte Paul, er müsste jetzt ein bisschen Papierkram machen, für seine Schule.

Ich war gerettet.

Beinahe hätte ich vergessen, die roten Gummistiefel auszuziehen, bevor ich die schmale Treppe hinaufrannte und die Tür zum Adoptivzimmer aufriss.

Arnim wartete bereits auf mich.

„Ich – ich war mit Paul am Strand“, keuchte ich. „Ich konnte nicht früher kommen.“

„Am Strand ... Ich erinnere mich.“ Seine grünen Augen sahen durch mich hindurch in die Ferne. „Wir haben dort immer Muscheln gesammelt, Paul und ich.“

Ich schluckte.

„Und Ines hat euch Picknick gemacht?“

„Ja, ich glaube. Habt ihr auch Muscheln gesammelt und gepicknickt?“

Er klang nicht eifersüchtig, nur interessiert.

Ich nickte.

„Es ist gut, dass Paul jetzt wieder jemanden zum Muschelnsammeln hat“, sagte Arnim.

Dann traten wir beide vor das Bild, aus dem ich am Abend zuvor gekommen war. Ich hatte keine Ahnung, wie ich zurück hinter die Leinwand gelangen sollte. Ratlos streckte ich die Hand aus, um über die rissige Farbe zu streichen. Und in dem Moment, als ich das Bild berührte, geschah es. Ich hörte Arnim noch „oh“ sagen – da stand ich bereits wieder im Palastgarten.

Ich saß im Garten des Palasts auf der Wurzel, den Rücken an den Stamm gelehnt, und ich war noch immer ein Mensch.

Vielleicht lag es daran, dass ich mich auf der Erde befand?

Die Bäume um mich rauschten im Wind, es war, als sprächen sie zu mir mit tausend Stimmen. Aber ich konnte sie nicht verstehen.

Ich konnte sie nur ansehen, ihre blütenschweren Zweige und ihre dunklen, wispernden Blätter, und eine tiefe Traurigkeit ergriff mich.

Ja, die Gelbe hatte recht gehabt: Die Bäume waren so schön, weil sie trauerten.

Ich stand auf und ging durch den Garten auf den Palast zu. Ich sah ihn durch ihre Stämme schimmern,

doch bald merkte ich, dass der Garten größer und der Palast weiter fort war, als ich gedacht hatte.

Ein Netz weißer Kieswege führte mich zwischen den Bäumen hindurch. Die Blumen, die sie säumten, waren genauso wunderbar anzusehen wie die Bäume, doch sie ließen die Köpfe hängen, als trügen auch sie Trauer.

Und als ich eine Weile so durch den Garten gewandert war, da verstand ich, warum die Bäume und die Blumen trauerten.

Verborgen zwischen ihren Blüten und Blättern hingen an den Ästen der Bäume Hunderte, Tausende von Käfigen, und darin saßen die Vögel.

Sie saßen ganz still und rührten sich nicht; sie verfolgten mich stumm mit ihren schwarzen Knopfaugen und schüttelten manchmal die Köpfe.

Es waren Vögel wie Nreur oder die Gelbe-Erbse-von-Santourini, farbenprächtige, schöne Vögel. Doch ihr Gefieder hatte seinen Glanz verloren.

Bei einem Käfig blieb ich stehen, es war ein ganz kleiner Käfig mit einem ganz kleinen weißen Vögelchen darin.

„Wer hat euch hier eingesperrt?“, fragte ich das Vögelchen. „Und warum?“

„Psst!“, machte der kleine Vogel. Seine Augen waren groß vor Schreck. „Sprich nicht so laut! Er war es, er, der keinen Namen hat. Er ist überall, er kann dich hören, und er wird dich vernichten, wenn er dich hier findet.“

„Das werden wir erst noch sehen“, wisperte ich. „Was habt ihr getan, dass ihr hier sitzen müsst?“

„Wir haben uns in die Nähe des Palastes gewagt“, kam die zaghafte Antwort.

„Wir wollten unsere Brüder und Schwestern befreien. Keiner hat es geschafft. Er ist schneller und schlauer und mächtiger als jeder von uns.“

„Er kann uns nicht töten“, flötete ein anderer kleiner Vogel aus einem nahen Käfig. „Denn gestorben sind wir schon vor Langem. Aber du, du lebst, warum bist du hierher gekommen?“

Ich brauchte nicht zu überlegen, ehe ich erwiderte: „Auch ich bin gekommen, um meinen Bruder zu befreien.“

Alle Vögel, die mich gehört hatten, begannen, aufgeregt zu zwitschern, aber nur einen Moment lang, danach waren sie wieder so still wie zuvor.

„Ich weiß nicht, ob du mutig bist oder verrückt“, sagte der kleine weiße Vogel. „Wir werden um dich trauern.“

Und dann sagte er nichts mehr.

Ich schüttelte verwundert den Kopf und ging weiter.

Ich ging und ging, und mein Herz wurde schwerer und schwerer. Es war nicht die Angst, das spürte ich, es war die Trauer, die der Garten verströmte. Sie drückte mich in der Mitte zusammen wie eine Faust und trieb mir die Tränen in die Augen.

War es das, was Ines gestern Abend gefühlt hatte?

Schließlich bekam ich keine Luft mehr und sank unter einem Baum in mich zusammen. Fieberhaft durchsuchte ich meine Taschen nach dem Spray, doch konnte es nicht finden.

Keuchend lag ich unter dem Baum und versuchte, meine Hosentaschen nach außen zu stülpen; ich merkte, wie alle Kraft aus meinen Fingern wich.

Da fiel der Schatten vor mir auf den Weg.

Es war der Schatten eines riesigen Vogels, eines Vogels, so groß, dass er ein Haus hätte auf seinen Schwingen tragen können. Ich blickte empor.

Der Vogel war schwarz, so schwarz, als wäre er selbst nur ein Schatten – und da wusste ich, dass es der gleiche Vogel war, den ich schon einmal hoch am Himmel hatte dahinsegeln sehen. Das war der Namenlose, der schlauer und schneller und mächtiger war als jedes andere Geschöpf in diesem merkwürdigen Land.

Nur seine Augen glühten gelb wie Feuer inmitten all der Schwärze.

Ich dachte: Jetzt stößt er auf mich herab und packt mich mit seinem scharfen Schnabel und zerreißt mich in tausend winzige Stücke. Oder vielleicht bin ich vorher erstickt.

Aber er sah mich nicht, er flog vorüber, und ich erstickte auch nicht.

Denn in genau dem Moment, in dem der Schatten den weißen Kiesweg verlassen hatte, fand ich das Spray.

Die Dose hatte sich in irgendeiner Falte meiner linken Hosentasche versteckt und kullerte heraus, und ich packte sie mit allerletzter Kraft und sprühte das unerklärlich wunderbare Mittel darin in meinen Rachen. Kurz darauf konnte ich wieder atmen. Mein Herz schlug mit solcher Kraft, dass es mich ganz auszufüllen schien. Ich saß noch eine ganze Weile so auf dem Boden und starrte auf die Stelle, wo eben noch der Schatten des Namenlosen den Weg gestreift hatte.

Eine Feder lag dort, eine einzige schwarze Feder. Ich stand auf und bückte mich nach ihr, um sie einzustecken.

Ja, er würde mich vernichten.

Die Vögel hatten recht gehabt.

Und dennoch steckte ich die Feder in meine Tasche, und dennoch ging ich weiter.

Ich konnte Arnim nicht im Stich lassen, ich hatte es versprochen und ich würde mein Versprechen halten.

Da vernahm ich, dass die Vögel um mich her jetzt sangen. Leise, ganz leise sangen sie.

Ich blieb stehen und lauschte. Was sie sangen, klang wie ein uraltes Lied, das von Generation zu Generation überliefert wird, so ein Lied, das man als kleines Kind vorgesungen bekommt, wenn man einschlafen soll:

„Den Ort, den du anstrebst, solltest du meiden –
du willst ganz allein
deinen Bruder befrein?
Sag, bist du entschlossen? Sag, soll es so sein?
Dann höre: Es gibt einen Schlüssel zu finden,
nur dann gelingt es, das Band zu entwinden
und Fesseln von Stein zu zerschneiden,
doch du wirst leiden, wirst leiden.“

Ihre Worte schnürten mir die Kehle zu und gleichzeitig öffneten sie mein Herz so weit wie ein Tor. Ja, ich war gekommen, meinen Bruder zu befreien. Und ich war entschlossen dazu – so entschlossen, wie man nur sein konnte.

Vielleicht würde es viel kosten, vielleicht alles, aber ich würde es versuchen.

Einen Schlüssel sollte ich finden? Eine Fessel zerschneiden?

Nein, nichts von alledem verstand ich jetzt, doch plötzlich war ich mir sicher: Ich würde es verstehen, wenn die Zeit kam.

„Danke“, flüsterte ich. „Danke, meine Freunde.“

Ich ging weiter und mit einem Mal war die Trauer nicht mehr so schlimm. Das Lied der Vögel hatte mir Mut gemacht.

Dann spürte ich auch die Sehnsucht. Sie zog und zerrte in mir, ich merkte es, obwohl ich nicht hätte sagen können, wonach ich Sehnsucht hatte. Es war eine unbestimmte Sehnsucht, eine Art Heimweh nach etwas, das man nie gehabt hat.

Als ich glaubte, ich könnte es keine Sekunde länger aushalten, fühlte ich nach der Feder in meiner Tasche. Ich nahm sie heraus und sah sie an, und da hörte die Sehnsucht auf, mich auseinanderzureißen, und mir wurde leichter zumute.

Da wusste ich, dass ich dem Palast nun ganz nahe war.

Seine Mauern waren kariert wie ein Schachbrett, gekachelt mit weißen und schwarzen Fliesen.

Hier und da unterbrach ein Muster aus Blumen und Figuren das Schachbrett. Das Abendlicht spiegelte sich in der glatten Oberfläche der glatten Fliesen, und sie warfen es tausendfach zurück.

Geblendet von dem Glanz, stand ich da und streckte mit halb geschlossenen Augen meine Hand aus, um die gleißende Mauer zu berühren.

„He", sagte Arnim. „Du siehst ja aus, als würde dich ein Auto blenden. Wach auf, Achim! Du bist wieder hier! Unten in der Küche warten sie schon!"

5. Kapitel,

in welchem ich ein Labyrinth aus Fliesen durchwandere und einen Asthmaanfall bekomme

Ja, unten in der Küche warteten sie schon.

Paul drehte Pfannkuchen in der Luft und Ines goss Tee ein, und sie taten so, als warteten sie überhaupt nicht.

Aber als ich hereinkam, merkte ich, wie sie aufatmeten.

„Hallo", sagte Ines, und Paul sagte: „Huups!"

Denn er hatte nicht aufgepasst und gerade landete ein Pfannkuchen auf seinem Oberarm.

Ich kicherte.

„Na, Achim?", fragte Ines. „Wie war dein Tag?"

„Oh – hm", sagte ich.

„Du bist immer ganz schön lange drüben. Versteht ihr euch gut, du und die Kinder dort?"

„Hm."

„Was macht ihr denn immer so?"

Paul rettete mich. „Hier ist ein perfekter Pfannkuchen!", verkündete er. „Wer will ihn haben?"

Und er warf ihn quer durch die Luft. Ich glaube, er zielte auf Ines' Teller, aber der Pfannkuchen verfehlte ihn und legte sich über eine Teetasse.

Ich schüttelte den Kopf. „Paul", sagte ich, „das musst du aber üben."

Dann schlug ich mir die Hand vor den Mund und sah von einem zum anderen.

Sie standen beide da und grinsten.

Ich träumte von der Feder in dieser Nacht. Sie schwebte mitten im Zimmer und es war, als würde sie mich ansehen.

„Ich warte auf dich", sagte die Feder. „Ich lauere und ich warte. Ich habe viel Geduld. Die Zeit läuft hier in anderen Bahnen. Ich weiß, du wirst kommen. Bald. Schon morgen ist es vielleicht so weit. Ich bin bereit."

Ich erwachte schweißgebadet.

Ines stand an meinem Bett und sah mich mit besorgtem Gesichtsausdruck an.

Sie sagte nichts, als sie sah, dass ich wach war. Sie strich mir nur über den Kopf und ging lautlos davon.

Als ich mich am Morgen anzog, fragte ich mich, ob sie nicht vielleicht alles wusste. Vielleicht hatte sie an den Abenden nicht wirklich Angst, dass ich auf der Straße überfahren wurde. Vielleicht hatte sie Angst vor der grenzenlosen Traurigkeit der Bäume im Palastgarten oder vor dem schrecklichen Schatten des Namenlosen.

„Ines", sagte ich, als sie nach dem Frühstück aus dem Haus ging, „mach dir keine Sorgen. Ich schaffe das schon."

Sie nickte. Und dann ging sie. Ich sah ihr nach, bis das grelle Gelb ihrer Regenjacke zwischen dem Rot und Violett der Astern um die Ecke verschwunden war. Dann raste ich die Treppe hinauf.

„Aus welchem Bild bin ich gekommen?“, fragte ich Arnim.

Er zeigte auf das neben dem mittleren Fenster, durch das eine Blüte von so dunklem Violett sich hereinreckte, dass sie beinahe schwarz aussah.

„Aus dem, auf dem du dastehst und die Hand nach dem Palast ausstreckst. Erzähl mir, Achim – was ist bis jetzt geschehen?“

„Viel“, erwiderte ich. „Und nichts. Ich bin durch den Palastgarten gewandert, wo die Bäume so schön sind, dass es wehtut. Und ich habe mit den Vögeln gesprochen, die dort in ihren Käfigen sitzen, weil der Namenlose sie in seine Fänge bekommen hat. Sie haben alle versucht, jemanden zu befreien, so wie ich.“

„Haben sie das?“ Er blickte mich aufmerksam an. „Und dennoch gehst du weiter?“

„Jetzt fang du nicht auch noch an!“, beschwerte ich mich. „Alle sagen mir andauernd, ich soll es lassen. Ist das ein Spiel, das ihr mit mir treibt? Habt ihr Wetten abgeschlossen, beim wievielten Mal ich Nein sage? Wann ich nicht mehr weitergehe?“

Arnim schüttelte den Kopf.

„Es ist nur – früher, weißt du, da haben mir Ines und Paul immer erzählt, eines Tages würde ich vielleicht einen Bruder bekommen. Und ich stellte mir einen ganz kleinen Bruder vor, der nur in seiner Wiege liegt und schreit ... Ich hätte nie gedacht, dass er so mutig sein würde.“

„Es geht ja wohl auch nicht anders“, sagte ich.

Ich streckte meine Hand nach dem zweiten Bild

aus – und sie berührte die Palastmauern. Es war, als fasste ich ins Feuer, so heiß warfen die Fliesen das Sonnenlicht zurück.

Ich pustete auf meine Hand, wie Maria es immer getan hatte, wenn jemandem etwas wehtat, und ging an der Mauer entlang, um den Eingang zum Palast zu finden.

Was Maria wohl gerade machte?

Und Karl, und all die anderen Kinder im Heim?

Natürlich, Karl war ja in der Schule. Ob mein Platz neben ihm leer geblieben war? Oder saß ein anderer darauf und Karl hatte mich schon ganz vergessen?

Ich beschloss, ihm einen Brief zu schreiben und ihm von allem hier zu erzählen – von Arnim und dem Adoptivzimmer und den Vögeln.

Von dem kaputten Teller unter meiner Matratze und vom Meer und von Pauls Pfannkuchen.

Ich war erst vier Tage hier, und es war schon so viel geschehen! Beinahe kam es mir vor, als hätte ich Karl seit Jahren nicht mehr gesehen.

Während ich über all das nachdachte, wanderte ich weiter und weiter an den karierten Mauern entlang, aber ich fand nirgendwo ein Tor oder eine Tür.

Vielleicht gab es überhaupt keinen Eingang?

Vielleicht schwebte der Namenlose auf seinen riesigen schwarzen Schwingen von oben in den Palast hinein?

Aber wie sollte ich es anstellen, mich wieder in einen Vogel zu verwandeln?

Ich hatte gar keine Lust, mir schon wieder von Nreur die Hand zerkratzen zu lassen ...

In diesem Moment umrundete ich eine Ecke, und da stand ich plötzlich vor dem Tor.

Es war so hoch wie ein Elefant und so breit wie drei Autos und ganz aus Silber – wie die Klinke der Tür zum Adoptivzimmer.

Eine Menge verschlungener, feiner Linien war in das Silber graviert, und als ich das Tor eine Weile betrachtete, merkte ich, dass die Linien einen Garten darstellten. Nein, nicht einen Garten: *den* Garten. Den Garten, welchen ich durchwandert hatte, den Garten mit den traurigen Bäumen und den Vogelkäfigen.

Aber auf dem Tor standen die Käfigtüren alle offen, und die Vögel saßen in den Ästen und sangen. Wie seltsam, dachte ich, dass gerade auf der Tür des Palastes die Freiheit zu sehen ist. Dann aber verstand ich:

Es war genau wie mit den weißen Fliesen. Die silberne Tür bestand aus der Sehnsucht der Vögel im Palastgarten.

Und ich wurde sehr wütend. Dieser – wer auch immer er war –, dieser ohne Namen, er besaß nichts Eigenes, er benützte nur die anderen, um seine Macht zu vergrößern. Ich hätte wetten mögen, nicht ein einziges Staubkorn in diesem Bauwerk hatte er selbst beigetragen.

Mit all meiner Wut warf ich mich gegen das Tor, denn es besaß keinen Griff oder Knauf. Doch die Wut half nichts. Ich holte mir ein paar blaue Flecken und prallte an dem kühlen Silber ab. Das Tor blieb verschlossen.

Verzweifelt ließ ich meinen Blick über die riesige silberne Fläche wandern. Da entdeckte ich einen winzigen Schriftzug auf Höhe meiner Augen.

„Ziehen“, stand dort. Sonst nichts.

Ich lachte. Es war wie in einem Kaufhaus oder in der Schule.

Aber bald hörte ich auf zu lachen, denn ich begriff: Es war unmöglich. Ohne Griff kann man an einer verschlossenen Tür nicht ziehen. Nicht einmal, wenn sie aus Silber ist.

Der Schriftzug sah mich schadenfroh an. Ich versetzte ihm einen wütenden Knuff und stieß meine Fingerknöchel an dem harten Metall.

Mit einem Aufschrei verbarg ich die geschundene Hand in meiner Tasche – und da fand ich die Feder. Ich holte sie heraus und betrachtete sie.

Mir kam eine Idee. Die Feder war mir schon einmal zu Hilfe gekommen, als die Sehnsucht gedroht hatte, mich auseinanderzureißen. Warum sollte sie mir nicht auch ein zweites Mal helfen? Ich streckte den Arm aus und berührte das Tor mit ihr.

Und wirklich: Mir blieb gerade noch genug Zeit, um zurückzuspringen, da schwangen die Torflügel lautlos nach außen auf.

Einen Augenblick stand ich zögernd vor dem offenen Tor, dann ging ich hindurch.

Drinnen erwartete mich ein langer Gang mit Türen zu beiden Seiten.

Ich öffnete eine, und da lag noch ein Gang, auch er in einigem Abstand von Türen gesäumt, und hinter

der nächsten Tür war wieder ein Gang und so weiter und so weiter ...

Ich ging durch Dutzende von Gängen, ganz allein; das Quietschen meiner Turnschuhe auf den Fliesen war das einzige Geräusch, das es um mich her gab.

Ja, auch hier bestand alles aus Fliesen: der Boden, die Wände, selbst die Decke weit, weit über mir.

Hier war das Schachbrettmuster anderen, komplizierteren Figuren gewichen. Winzige Stückchen von Fliesen setzten sich zu immer neuen Blumen und Sternen zusammen. Doch es war unmöglich, sich an ihnen zu orientieren. Und schließlich wusste ich nicht mehr, wie lange ich schon durch den Palast irrte. Eine Stunde? Zehn?

Diese Gänge mussten doch irgendwo ein Ende haben!

Oder hatte ich mich längst verlaufen und ging im Kreis?

Zum dritten Mal, seit ich hier war, holte ich die Feder heraus. Im Märchen, dachte ich, geschieht schließlich auch immer alles dreimal. Ich hielt sie vor mich wie eine Wünschelrute, und tatsächlich, es ging eine Art Sog von der Feder aus, dem ich folgen konnte.

Nun hatte ich das Gefühl, die richtigen Türen zu öffnen und die richtigen Gänge entlangzugehen. Obwohl ich nicht wusste, was ich an ihrem Ende erwartete.

Butler
Diener in einem vornehmen Haushalt

Einen Butler, der mir auf einem roten Samtkissen einen Schlüssel darreichte? Eine Kapelle, die einen Tusch für mich spielte? Einen Raum, in dem Arnim auf einer steinernen Bank saß und mir entgegenblickte?

Zumindest war ich mir bald sicher, dass ich nicht im Kreis ging, denn jetzt kam ich durch Gänge, an deren Wände Bilder hingen. Genauer gesagt: gerahmte Fotografien. Fotografien von Leuten.

Schwarz-weiß, natürlich, was sonst.

Ich blieb vor einigen stehen und betrachtete sie.

Da war ein kleines Mädchen mit langen, geflochtenen Zöpfen. Es saß auf einer Schaukel, und ein Mann, der sein Vater sein musste, schubste es von hinten an und lachte.

Da war ein alter Herr in einem Sessel, auf dessen Lehne ein junger Mann saß und dem alten vorlas.

Da waren drei Zwillingsschwestern in altmodischen Kniestrümpfen und Miniröcken vor einem Gebäude, das eine Schule hätte sein können; da waren zwei Männer beim Angeln und eine riesige Familie, versammelt in einem Garten.

Mir fiel auf, dass es kein Foto gab, auf dem jemand alleine abgebildet war.

Die Personen auf den Bildern waren immer zu mehreren und sie schienen sich immer irgendwie nahezustehen.

Die Feder zog mich fort, als würde sie ungeduldig. Je weiter wir kamen, desto stärker wurde ihr Drängen.

„Was ist unser Ziel?“, fragte ich sie, doch meine Stimme hallte so unerwartet laut in den leeren Gängen, dass ich mir die Hand vor den Mund schlug, als hätte ich etwas Verbotenes gesagt.

„... ist unser Ziel ... unser Ziel ... Ziel ... iel ...“, schallte das Echo von allen Seiten zurück.

Da gab ich dem Zug der Feder nach und ging schneller, um dem Echo meiner eigenen Worte zu entkommen.

Endlich gelangten wir in einen Innenhof, doch er war leer und die Feder zerrte mich weiter wie ein Hund an der Leine.

Sie zerrte so sehr, dass ich beinahe die Glasplatte übersehen hätte, die in der Mitte des Hofes in den Boden eingelassen war.

Vielleicht *wollte* die Feder, dass ich sie übersah. Sie war quadratisch und etwa so groß wie ein Tisch – und sie musste sehr dick sein, denn eben, ehe ich sie richtig wahrgenommen hatte, war ich einfach darübergegangen.

Unter der Platte befand sich ein viereckiger Raum oder Schacht, ganz aus weißen Fliesen ohne einen einzigen schwarzen Flecken, und in dem Schacht lag ein kleiner, metallener Gegenstand. Ich kniete mich neben der Platte hin und presste meine Nase gegen das Glas.

Der Gegenstand war von dem gleichen liniendurchzogenen Silber wie das Palasttor. An einem Ende besaß er einen Griff und das andere Ende steckte in einer reich verzierten Scheide, die aussah wie ein Pferdekopf.

Scheide *hier: schmale, längliche Hülse, in die eine Hieb- oder Stichwaffe bis zum Knauf hineingesteckt werden kann, oft aus Metall oder Leder*

Ein Messer. Aber keines, mit dem man jemanden hätte bedrohen können. Ein Papiermesser, zum Öffnen von Briefumschlägen oder zum Durchtrennen von Nähgarn.

Enttäuscht stand ich auf und ließ mich von der Feder fortführen.

Warum begrub jemand ein einfaches Papiermesser unter einer dicken Glasplatte in einem Hof? In einem Hof, der aussah, als wäre er extra geschaffen worden, um dieses merkwürdige Grab zu beherbergen?

Wennschon – warum dann nicht einen Dolch oder ein Schwert?

Am anderen Ende des Innenhofes verschluckte mich wieder ein Gang, und abermals wanderte ich an endlosen Reihen von alten Fotos vorüber.

Ich streifte sie nur im Vorbeigehen mit flüchtigen Blicken. Allmählich wurde ich wütend auf die Fotos und es dauerte eine ganze Weile, bis mir klar wurde, warum:

Sie zeigten alle das Gleiche: Familien. Etwas, das ich nie gehabt hatte.

Und dann stutzte ich plötzlich und meine Wut zerrann wie Himbeersirup in einem Ozean.

Die Gesichter auf *diesem* Foto kannte ich doch!

„Warte!“, flüsterte ich der Feder zu. „Nur einen Augenblick!“

„Augenblickkk!“, zischte das Echo mir feindselig ins Ohr. „Augenblickkk ... genblickkk ... nblickkk ... ickkk ... ckkk ... kk ... k ...“

Das Geräusch kratzte in meinen Gehörgängen wie mit Katzenkrallen, und ich krümmte mich und hielt mir die Ohren zu.

Aber dennoch blieb ich stehen, ohne den Blick von dem Foto zu wenden.

Es zeigte drei Personen um einen Tisch versammelt. In der Mitte lag ein Spielbrett mit einer Menge kleiner Figuren, und tief über dem Tisch hing eine Lampe und verstrahlte selbst in Schwarz-Weiß noch ein warmes Licht. Eine der Personen streckte die Zunge heraus und verdrehte komisch die Augen. Das war Paul. Die anderen beiden lachten. Das waren Ines und Arnim.

Ich schluckte, einmal, zweimal, dann ging ich rückwärts von dem Foto fort, und dann drehte ich mich um und begann zu rennen.

Erst, nachdem ich mehrere Türen und Gänge zwischen mich und das Bild gebracht hatte, wagte ich, stehen zu bleiben. Es war wieder einmal nicht genug Luft da, und ich lehnte mich gegen eine eiskalte Wand und suchte das Spray.

Als ich wieder atmen konnte, ordneten sich meine durchgeschüttelten Gedanken langsam – wie Kakaopulver, das sich auf dem Boden der Tasse absetzt.

Die Leute auf den Fotos – sie alle waren Gefangene des Namenlosen.

Manche von ihnen warteten darauf, endlich Vögel werden zu dürfen, manche warteten darauf, dass die Trauer aufhörte.

Sie alle lieferten dem Herrscher dieses Palastes seine weißen und schwarzen Fliesen – ihre Sehnsucht und ihre Trauer. Hunderte, Tausende, Millionen mussten es sein.

Ich versuchte, das nächste Foto von der Wand zu nehmen, aber es hing an einem starken Metalldraht, der nicht nachgab. War es das? Musste ich es schaffen, das Foto der Ribbeks aus seiner Verankerung zu reißen und aus dem Palast zu bringen?

Ich steckte das Spray wieder ein und wollte eben weiter der Feder folgen, da merkte ich, dass ich nicht mehr in dem gefliesten Gang stand.

Ich stand an einem Fenster des Adoptivzimmers, ein duftendes Blütenblatt kitzelte meine Hand, die auf dem Sims lag, und draußen steckten die Vögel gerade ihre Köpfe unter die Flügel, um vor der Melancholie der Dämmerung sicher zu sein.

Melancholie *Schwermut, traurige Stimmung*

Eine Hand berührte meine Schulter. Ich wandte mich um und blickte in Arnims grüne, grüne Augen.

„Ist alles in Ordnung?“, erkundigte er sich besorgt.

Ich nickte. „Ja … natürlich. Es ist nur … ich habe

ein Bild gefunden, weißt du. Im Palast. Du bist darauf und Ines und Paul, und es gibt noch viele, viele solcher Bilder ..."

„Und wirst du es abnehmen?"

Ich seufzte. „Ich wünschte, das könnte ich, wirklich, ich wünschte, ich könnte es. Aber der Draht, der es hält, ist zu fest."

„Dann musst du ihn zerschneiden", sagte er.

Am Himmel draußen kreiste nun ein großer schwarzer Schatten.

Arnim sah ihn auch und zog mich vom Fenster weg.

„Geh jetzt", flüsterte er, „bevor er hierherkommt und dich entdeckt. Morgen können wir weitersehen."

An diesem Tag sagte Paul nach dem Abendbrot: „Wir dachten, wir könnten heute mal etwas zusammen spielen. Hörst du, wie der Wind um das Haus herumgeht?"

Ich lauschte. „Hm-m", sagte ich.

„An solchen Abenden muss man sich unter eine Lampe setzen und Kartoffelchips essen und ein Spiel spielen", erklärte Paul.

Ich nickte, aber mir war gar nicht wohl dabei. Das schwarz-weiße Foto von Ines und Paul und Arnim hatte sich in meinem Kopf festgesetzt und nagte dort wie eine Ratte.

Ich half Ines beim Abwaschen, während Paul im Wohnzimmer herumsuchte.

Inzwischen wusste ich schon ganz gut, wo was hingehörte.

„Was ist los?“, fragte Ines. „Du siehst so … angespannt aus.“

„Oh, nein“, widersprach ich schnell, „das scheint nur so.“

Sie guckte mich von der Seite her an. „Ist dir nicht gut oder so? Brütest du etwa eine Krankheit aus?“

„Brüten?“ Das klang lustig. „Nö, glaub nicht. Keine Krankheit, kein Ei, gar nichts.“

Ines lachte.

„Na dann komm mit. Dem Getöse im Wohnzimmer nach zu urteilen hat Paul gefunden, was er suchte.“

Und das hatte er.

Als wir das Wohnzimmer betraten, musste ich schlucken, denn meine schlimmsten Befürchtungen waren wahr geworden: Alles war genau wie auf dem Foto.

Nur natürlich nicht in Schwarz-Weiß.

Die tief hängende Lampe verströmte ihr gemütliches Licht, auf dem Tisch lag ein Spielbrett mit einer Menge kleiner Figuren darauf, und Paul verdrehte sogar die Augen.

„Es hatte sich hinter dem Schrank versteckt“, sagte er und hustete demonstrativ. „Ich habe gerade zwei Liter Staub geschluckt.“

demonstrativ *hier: absichtlich auffallend*

Ich setzte mich mit weichen Knien auf eine Ecke des Sofas.

Draußen klapperte der Wind mit den Fensterläden, als versuchte er, Musik zu machen.

„Arnim war noch zu klein dafür“, meinte Ines und nickte zu dem Spielbrett hin. „Aber er wollte es immer unbedingt spielen. Er sah uns immer dabei zu und fand die vielen bunten Figuren wunderbar. Jetzt ...“

Sie verstummte.

Doch ich wusste, was sie hatte sagen wollen. „Jetzt wäre er alt genug dafür“, sagte ich.

Sie nickte und ich spürte, wie die Luft dünn wurde.

Ich atmete tief durch – es half nichts.

„Achim!“, sagte Paul. „Was ist los?“

„Nichts – ich ...“, keuchte ich. „Ich muss nur das – das Spray finden ...“

Ich sah, dass Paul auf einmal vor mir kniete und spürte einen Arm um meine Schultern, der wohl zu Ines gehörte. Meine Finger gruben fieberhaft in meinen Taschen.

Endlich fand ich die kleine Dose und zog sie hervor, ein Sprühschuss genügte – und alles war vorbei. Ich saß auf meiner Sofakante und keuchte noch ein bisschen.

Dann sah ich von Ines zu Paul und zurück zu Ines. Sie sahen mich mit großen, besorgten Augen an.

Jetzt war alles aus. Jetzt musste ich es ihnen beichten. Jetzt würden sie mich zurückbringen, weil ich nicht richtig funktionierte.

„A-Asthma", sagte ich, mehr brachte ich nicht hervor, und meine Stimme war sehr klein und piepsig dabei.

Paul nickte, und zu meiner Überraschung sagte Ines: „Natürlich. Das wissen wir doch."

„Ihr – ihr wisst es?"

„Das ist einer der Gründe, warum wir dich zu uns nehmen durften, obwohl wir so weit von dem Heim weg wohnen. Weil die Luft hier gut für dich ist."

„Aber", stotterte ich, „aber ..."

Ines legte den Finger auf den Mund. „Aber jetzt musst du dringend mal zuhören", sagte sie, „und eben diese Spielregeln hier lernen. Paul ist schon ganz kribbelig vor Ungeduld, dass er sie endlich jemandem erklären darf. Er hat sie nämlich erst gestern Abend verstanden."

Paul schmiss einen kleinen, hässlichen Klumpen Spiel-Knetmasse nach ihr.

6. Kapitel,

in welchem ich dem Namenlosen begegne, eine Leiter ersteige und beginne zu fallen

„Ich hätte beinahe gewonnen“, sagte ich.

„Tatsächlich?“ Arnim zog die Brauen hoch. Wir saßen nebeneinander auf dem Bett.

Draußen hatte der Wind noch nicht nachgelassen, obwohl es jetzt Morgen war und er schließlich eine ganze Nacht gehabt hatte, um sich auszutoben. Aber er wurde nicht müde, und hier, wo es keine Fensterscheiben gab, fegte er durch den Raum wie ein unruhiges, unsichtbares Tier.

Eine Ranke der Kletterpflanze draußen am Turm war vom Wind hereingebogen worden, und ich sah, dass keine Blüten mehr daran wuchsen. Der Sturm musste sie abgepflückt haben – bedauernd blickte ich mich nach den zarten weißen und dunklen Blättern um, doch hier im Adoptivzimmer waren sie nicht.

„Warum hast du nicht gewonnen?“, erkundigte sich Arnim.

Ich zuckte mit den Achseln. „Ich habe Ines gewinnen lassen. Paul war leider schon viel zu weit hinten.“

„Wieso?“

„Wieso Paul zu weit hinten war? Er spielt ziemlich schlecht, deshalb, glaube ich. Er denkt nicht so viel nach.“

„Nein.“ Arnim schüttelte den Kopf, dass seine roten Haare nach allen Seiten flogen.

„Warum hast du sie gewinnen lassen?“

Was für eine Frage! „Ich gehöre hier nicht mal richtig hin“, antwortete ich. „Da kann ich ja wohl kaum auch noch gewinnen.“

Arnim lachte. „Du bist ganz schön verrückt, weißt du das?“

„Du hast gut reden!“, sagte ich ärgerlich. „Was weißt du denn schon? Du warst nie in einem Heim, oder? Du hattest immer Ines und Paul, ganz für dich allein, solange du am Leben ...“

Ich schlug die Hand vor den Mund. In letzter Zeit schien ich das dauernd zu tun.

„Entschuldigung ... ich wollte nicht ...“

Aber Arnim musterte mich nur nachdenklich.

„Du hast recht“, sagte er. „Ich hatte immer Eltern. Solange ich lebte.“

„Aber jetzt ... Vermisst du es sehr? Abends mit ihnen zu spielen, angebrannte Fischstäbchen zu essen und ...“

Arnim schüttelte den Kopf. „Du denkst, ich bin eifersüchtig“, meinte er. „Weil du jetzt da bist und all das tust. Aber so ist es nicht.“

Er nahm meine Hand und legte sie an seine Brust. Sie war kalt, eiskalt, wie der Wind und das Zimmer und das eiserne Bett.

„Das alles hat keine Bedeutung mehr für mich“, flüsterte er. „Ich bin nicht mehr traurig und müde und krank. Verstehst du?“

„Vielleicht“, flüsterte ich zurück. „Arnim – was geschieht, wenn ... wenn mir etwas zustößt? Wenn der

Namenlose mich …“ Ich räusperte mich. „Wenn er mich tötet?“

„Du wirst ein Vogel sein, wie alle dort. Du wirst in dem Land mit den Hügeln und Wäldern bleiben.“

„Das hört sich ja nicht so schlimm an“, meinte ich und versuchte ein Lachen.

Er legte mir den Finger auf die Lippen. „Für dich ist die Zeit noch nicht gekommen“, erwiderte er. „Und es dauert hoffentlich noch lange, bis sie kommt. Dein Platz ist jetzt hier, bei Ines und Paul. Jemand muss auf sie aufpassen, wenn ich nicht mehr da bin. Versprich mir, dass du das immer tun wirst.“

„Ja“, wisperte ich. „Das werde ich.“

Und dann schloss ich den kalten, kalten Körper meines Bruders noch einmal in die Arme, ehe ich meine Hand nach dem Bild ausstreckte, aus dem ich beim letzten Mal gekommen war.

Die Welt auf der anderen Seite des Glases bestand noch immer aus nichts als Schwarz und Weiß, und in meiner Hand war auch die Feder, deren Zug ich folgte.

Während ich den Gang bis zu seinem Ende ging, fragte ich mich, warum ich mir eigentlich nie die anderen Bilder an den Wänden des Adoptivzimmers angesehen hatte. Natürlich, ich kannte ihre Reihenfolge nicht – dennoch hätten sie mir vielleicht sagen können, was noch alles geschehen würde.

Und ich gestand mir selbst ein, dass ich einfach zu viel Angst hatte. Angst davor, dass ich auf einem Bild meinen Körper sehen würde, der still und kalt war und nicht mehr zu mir gehörte.

Arnims Worte fielen mir wieder ein. „Für dich ist die Zeit noch nicht gekommen."

Nein, das war sie nicht, und wenn ich mir in diesem Moment in dem kalten, leeren schwarz-weißen Gang etwas hätte wünschen können, so hätte ich mir gewünscht, noch oft auf der Schaukel im Garten der Ribbeks zu sitzen.

Die Feder führte mich um eine Ecke und dann endete der Gang abrupt.

abrupt *plötzlich, unerwartet*

Ich stolperte in einen riesigen Raum, dessen Decke so hoch oben war, dass ich sie beinahe nicht mehr erkennen konnte. Als ich den Kopf in den Nacken legte, sah ich, wie dort oben Nebelschwaden hin und her fluteten.

Es war so eiskalt hier, dass ich die Arme um mich schlang. Ich hörte meine Zähne gegeneinanderschlagen. Die Feder riss jetzt an mir wie wild, ich musste mich zwingen, nicht zu laufen. Mitten durch den Raum zog sie mich – auf einem schnurgeraden Weg aus schwarzen Fliesen. Es war, als hätte jemand diesen schwarzen Weg extra zu dem Zweck gelegt, dass ich jetzt darauf ging.

Ich ging eine ganze Weile, ehe ich erkennen konnte, was sich am anderen Ende der riesigen Halle befand.

Dort ragte ein steinerner Thron auf, dessen Fliesen so rot wie Blut waren und so blau wie der Horizont über dem Meer. Die Kraft der plötzlichen Farben ließ mich blinzeln.

Ich stemmte beide Beine in den Boden, um der Feder nicht nachzugeben und auf den Thron zuzustürzen.

Nun wusste ich, weshalb sie mir beigestanden hatte, als die Sehnsucht mich im Palastgarten zu ersticken drohte. Ich wusste, weshalb sie das silberne Tor für mich geöffnet und weshalb sie mich durch die Gänge geführt hatte, ich wusste, weshalb sie so ungeduldig an mir zerrte.

Sie wollte zurück zu ihrem Meister.

Denn dort saß er, auf dem blutroten, horizontblauen Thron und sah auf mich herab.

Ich zweifelte keinen Augenblick daran, dass er es war, wenngleich er jetzt nicht mehr die Gestalt eines schwarzen Adlers hatte.

Vor mir saß ein gewaltiger Löwe, dreimal so groß und stark wie ein gewöhnlicher Löwe und schneeweiß wie – nun, wie eben nur Schnee; doch nicht einmal der ist so rein und so makellos, wie es das Fell des Namenslosen war.

„Hier bist du also“, schnurrte er. Seine Stimme war sanft wie ein Beet voller Butterblumen und er lächelte. „Ich brauchte dich nicht einmal zu suchen. Du bist von selbst zu mir gekommen.“

Ich wollte etwas erwidern, ich wollte ihn anschreien, ihn beschimpfen, aber meine Kehle war plötzlich trocken und meine Zunge gehorchte mir nicht.

Der Namenlose lächelte weiter still in sich hinein und begann, ohne Eile seine Vorderpfote zu lecken. Dabei sah ich seine riesigen, blitzenden Reißzähne und seinen Rachen, rot wie Blut und rot wie die Fliesen seines Thrones.

Nachdem er mit der Pfote fertig war, sah er mich wieder an – diesmal mit schief gelegtem Kopf und müdem Interesse in den Augen. Seine Augen waren dieselben, die er als Adler gehabt hatte, gelb und glühend und grausam.

„Du bist also gekommen, um deinen Bruder zu befreien?“, fragte er. „Dachtest du, ich wüsste nicht, dass du unterwegs bist? Dachtest du, ich hätte nicht gesehen, wie du mit den Vögeln den Himmel durchquert hast? Dachtest du, ich hätte nicht dafür gesorgt, dass du sicher durch den Palastgarten kommst? Und dachtest du, ich hätte nicht gehört, was meine kleinen Freunde in den Käfigen dir zugeflüstert haben?“

Ich konnte noch immer nichts erwidern. Ich stand nur da und starrte den Namenlosen an und zitterte. Aber diesmal kam es nicht von der Kälte.

Es war die Furcht, die mich zittern ließ.

Ja, ich fürchtete mich. Ich fürchtete mich so sehr, dass meine Gedanken einfroren, so sehr fürchtete ich mich, dass ich nur noch einen Gedanken hatte: Umdrehen. Davonlaufen.

Ich war überhaupt nicht mehr mutig – womöglich war ich es niemals gewesen. Doch ich konnte nicht davonlaufen. Nicht mehr. Es gab nichts, wohin ich hätte laufen können.

„Deine Reise endet hier“, sagte der Namenlose mit einem leisen Lachen. „Du weißt das, habe ich recht? Du wusstest es die ganze Zeit über, genau wie ich.“

Er stand auf, streckte sich und gähnte ausgiebig, wie Katzen es tun.

Danach stieg er langsam von seinem Thron herab und kam auf den makellos weißen Samtpfoten auf mich zu. Dort, wo sie den Boden berührten, bildeten sich dunkelrote Pfützen wie Lachen von Blut.

Ich wollte endlich rennen, doch die Angst nagelte mich fest, wo ich stand.

„Du wusstest es“, wiederholte er. „Und dennoch bist du gekommen.“

Er war jetzt ganz nahe und sah von oben auf mich hinunter.

„Das ist mutig“, sagte er. „Oder dumm.“

Und dann erhob er seine riesige Vorderpfote. Die fleckenlosen Krallen funkelten über mir.

Ich zwang meine Gedanken, aufzutauen und sich wieder denken zu lassen.

Was hatte ich, womit ich mich verteidigen konnte?

Die Feder! Wenn ich geschickt war, gelang es mir vielleicht, dem Namenlosen ihren spitzen Kiel ins Gesicht zu rammen ... Ich hob die Hand, und da sah ich, dass es nicht länger eine Feder war, die ich zwischen den Fingern hielt. Sie hatte mit ihrem Herrn die Gestalt gewechselt. Es war nicht mehr als ein weiches, flauschiges Büschel weißen Fells, das ich zu meiner Verteidigung erhob.

Da warf der Namenlose den Kopf zurück, dass seine lange, weiße Mähne nur so um ihn herumflog, und lachte. Er lachte ein schauriges Lachen, lang und volltönend und bewusst aller Macht, die er besaß. Hätte ich mich nicht schon so sehr gefürchtet, dass ich mich unmöglich noch mehr fürchten konnte, so hätte ich es bestimmt getan.

Noch während er lachte, sprang er.

Ich warf mich automatisch zur Seite und er verfehlte mich bei diesem ersten Sprung. Doch der zweite traf mich und die riesigen Krallen kratzten mein rechtes Bein von oben bis unten auf. Ich spürte den Schmerz nicht, die Angst war noch zu groß, aber ich merkte, wie das Blut an meinem Bein hinablief. Es war erstaunlich warm in all der eisigen Kälte ringsum. Ich kam auf die Knie und schaffte es, aus dem Griff der großen weißen Pfoten zu glitschen wie ein Stück Seife – ich war einfach zu klein, als dass er mich bequem festhalten konnte.

Verrückt, aber als der Namenlose zum dritten Mal sprang, machte ich mir Gedanken darüber, ob mein Blut wohl warm genug war, um zu dampfen. Und ich fragte mich, ob die Nebelschwaden an der Decke des Saales alle aus der Wärme von dampfendem Blut entstanden waren – dem dampfenden Blut all jener, die freiwillig hierhergekommen waren, um ihre Brüder und Schwestern zu befreien, und denen es nicht gelungen war.

Dann war der gigantische weiße Körper abermals über mir, und der Blick in seinen Augen löschte jeden anderen Gedanken aus. Sie brannten Löcher in mein Herz und bohrten sich in meine Seele wie glühende Dolche.

Diesmal hatte er mich.

Er setzte eine Pfote auf meine Brust und drückte mich so fest zu Boden, dass ich keine Luft mehr bekam.

„So“, sagte er, „jetzt sag deiner Welt Auf Wiedersehen.“

Ich keuchte und hustete und rang nach Luft, und meine Hände, die noch frei waren, begannen ganz von selbst, meine Taschen zu durchwühlen. Wie unsinnig, dachte ich. Jetzt, wo ich gleich sterbe, fangen meine dummen Hände an, das Asthmaspray zu suchen. Sie fanden es sogar.

Der Namenlose öffnete das Maul mit den blitzenden Zähnen und machte sich bereit, mir die Kehle durchzubeißen, als sich meine Finger sinnlos um die kleine, metallene Dose schlossen.

Ich werde also totgebissen, dachte ich, während ich ein Spray umklammere, das mich vor dem Ersticken retten könnte. Wie absolut lächerlich.

Und dann durchzuckte mich ein Gedanke wie ein Blitz.

Ich zog das Spray aus der Tasche.

Der Namenlose berührte mein Gesicht schon beinahe mit dem seinen, ich spürte seinen kalten Atem bereits auf den Wangen. Da riss ich die Sprühdose mit einem Ruck hoch, richtete sie auf die grausamen gelben Augen und drückte ein paar Mal nacheinander ab, eine Sekunde, ehe das mächtige Löwengebiss meinen Hals erreicht hatte.

Spray herausziehen, ansetzen, abdrücken – das hatte ich schon so oft so schnell tun müssen, dass ich nicht zu überlegen brauchte, wie man richtig zielte.

Ein grelles, wütendes Jaulen zerfetzte die Stille, als die Zähne über mir zuschnappten. Sie verfehlten ihr Ziel, erwischten aber meine Schulter und gruben sich tief ins Fleisch.

Mein Schrei vermischte sich mit dem des Namenlosen.

Es war, als müsste die Luft um uns bersten.

bersten
mit großer Gewalt plötzlich auseinanderbrechen, zerspringen, zerplatzen

Ich erhob die Spraydose noch einmal und drückte wieder ab, und dabei robbte ich rückwärts. Der weiße Löwe schlug um sich wie wild, doch er vermochte nicht mehr zu sehen, wohin er schlug. Das Spray würde ihm nichts Ernsthaftes anhaben können, aber es blendete ihn für eine Weile – vielleicht lange genug, um mich entkommen zu lassen.

Wäre da etwas gewesen, wohin man hätte entkommen können.

Ich versuchte einige Male vergeblich, auf die Beine zu kommen, und steckte eine Menge weiterer blinder Hiebe und Kratzer ein – dann endlich glückte es mir und ich torkelte rückwärts von dem tobenden Biest fort.

Irgendwann stieß ich gegen eine Wand. Hier ging es nicht mehr weiter.

Ich wäre einfach stehen geblieben und hätte nicht gewusst, was tun, hätte ich nicht in diesem Moment ein Geräusch gehört. Es war ein sehr kleines Geräusch und es kam einem Wunder gleich, dass ich es über das wütende Gebrüll des Namenlosen hinweg hörte.

Ich hob den Kopf.

Und da sah ich, dass es hoch oben in den Nebelschwaden ein Fenster gab. Dort saßen zwei bunte Flecken, ein grüner und ein gelber: Vögel.

Ich konnte es kaum glauben, doch zu dem Fenster führte eine Leiter mit silbernen Sprossen, ich war mit dem Rücken dagegengestoßen, ohne es zu merken.

Der weiße Löwe schien sich wieder zu erholen – ich durfte keine Zeit verlieren. Also ergriff ich die Leiter und kletterte sie hinauf, so rasch ich konnte.

Auf halber Höhe blickte ich zurück: Unter mir stand der Namenlose und sah zu mir hinauf. Er schüttelte ein paar Mal unwillig den Kopf, denn seine Augen tränten noch immer.

„Warte nur!", brüllte er. „Du denkst, du kannst mir entkommen? Aber diese Leiter führt nirgendwohin! Nicht zu deinem Bruder und nicht in die Freiheit!"

Ich spürte, wie meine Kraft nachließ. Jetzt kamen die Schmerzen, für die ich vorhin keine Zeit gehabt hatte. Die lange Wunde an meinem Bein brannte wie Feuer und der Arm, in dessen Schulter der Namenlose seine Zähne versenkt hatte, ließ sich kaum noch bewegen.

Langsamer und langsamer kletterte ich. Ich drehte mich nicht mehr um. Ich wusste, sobald er wieder genügend sehen konnte, würde sich der schneeweiße Löwe dort unten in einen nachtschwarzen Adler verwandeln, um seine riesigen Schwingen zu entfalten und mich holen zu kommen ...

Doch oben im Fenster saßen der gelbe und der grüne Vogel und warteten auf mich. Hinter ihnen sah ich nun den blauen Himmel. Das Fenster war nichts weiter als ein viereckiges Loch in der Mauer, und dahinter lag die Freiheit.

Als ich am Ende der Leiter ankam, flatterten die Vögel fort – dennoch hatte ich einen von ihnen erkannt, die Gelbe-Erbse-von-Santourini. Was hatte sie hierhergeführt? Hierher, wo keiner von ihnen sich jemals hinwagte? Und warum hatte sie den grünen Vogel mitgebracht?

Ich zog mich keuchend in die Fensternische und sah hinaus.

Die Erkenntnis kam wie ein plötzlicher, betäubender Hieb.

Der Namenlose hatte recht gehabt.

Diese Leiter führte nirgendwohin.

Draußen fiel die Mauer genauso senkrecht ab wie drinnen, und erst tief, tief unten lag ein weiterer Innenhof, auf dessen Fliesen ich in tausend Stücke zerspringen würde wie der Teller, den ich bei den Ribbeks kaputt gemacht hatte.

Auf der einen Seite wartete der harte Boden aus weißer Sehnsucht und schwarzer Trauer; auf der anderen Seite warteten die Krallen und Zähne des Namenlosen.

Ich saß wahrscheinlich nicht lange in der Mauernische dort, hoch oben über der Welt. Aber es kam mir vor wie eine Ewigkeit. Und in dieser Ewigkeit traf ich eine Entscheidung.

Ich wollte dem Namenslosen nicht die Genugtuung geben, mich zu töten.

Wenn es schon geschehen musste, wollte ich es selbst tun.

So kroch ich mit letzter Kraft an den Rand der Mauer, dort, wo sie die Luft der unerreichbaren Freiheit berührte, und ließ mich in die Tiefe fallen.

„Achim!", hörte ich Ines' Stimme. „Achim!"

Und dann, etwas weiter fort: „Ich verstehe das nicht. Heute Morgen war doch noch alles in Ordnung. Die Geschichte mit dem Asthma, na gut, aber sonst ... Ich kann mir das nicht erklären. Oh, Paul! Er lag hier mitten im Flur, als ich nach Hause kam ... ein Glück, dass ich heute im Laden früher Schluss gemacht habe! Wer weiß, wie lange er schon dort lag?"

„Wie viel?", fragte Pauls Stimme. Ich konnte nirgendwo ein Gesicht zu den Stimmen entdecken. Um mich war alles dunkel.

„Einundvierzig fünf", sagte Ines. „Wo hat er sich das bloß so plötzlich geholt?"

„Wahrscheinlich hat er es von einem der Nachbarskinder", antwortete Paul. „Ich werde gleich mal dort anrufen und nachfragen ... Und wo finde ich die Telefonnummer von Dr. – na, wie hieß er noch gleich ..."

„... Wadenwickel", antwortete Ines zusammenhanglos. „Kalte Wadenwickel ..."

Ihre Stimmen wurden leiser, versickerten in der Ferne, und eine dicke, wattige Stille hüllte mich ein.

Später spürte ich, wie irgendwer etwas Kaltes, Rundes auf meine Brust legte. Eine Hand drückte auf meinem Bauch herum und knickte mir das Kinn auf die Brust. Eine unbekannte Männerstimme sagte etwas, das ich nicht verstand. Vermutlich träumte ich das alles nur. Kurz bevor man stirbt, hatte Maria einmal gesagt, geht einem das ganze Leben noch einmal durch den Kopf. Aber wo waren die fremde Stimme und die Hand in meinem Leben vorgekommen?

Noch später merkte ich, dass jemand mich im Arm hielt, ich konnte nicht sagen, wer es war und ob auch das zu einer Vergangenheit gehörte, an die ich mich nicht erinnerte.

War das am Ende meine Mutter oder mein Vater?

Aber als wieder eine Stimme zu mir ins Dunkel durchdrang, gehörte sie Ines, und sie fragte: „Was ist passiert, Achim? Was ist nur passiert?"

„Ich falle", brachte ich schwach hervor. Wie müde ich war! „Falle ich noch immer?"

Dann versank ich wieder im Nichts.

Vielleicht war jetzt alles vorbei.

Endlich, dachte ich erschöpft.

Und ich nistete mich im Nichts ein wie ein Igel vor dem Winter und begann zu warten.

Darauf, dass ich als kleiner weißer Vogel mit violetten Tupfen wieder erwachte, um für immer ein Vogel zu bleiben.

7. Kapitel,

in welchem ich
zu Ende falle
sowie das Innere einer Nuss sehe

Als ich das nächste Mal zu mir kam, war es Nacht.

Ich wusste, dass es Nacht war, denn die Dunkelheit um mich unterschied sich von der Schwärze, die mich zuvor umgeben hatte. In dieser Dunkelheit waren Flecken von Licht – Flecken von Straßenlaternenlicht, das zum Fenster hereinfloss und auf dem gewebten Teppich vor dem Bett liegen blieb.

Einige Lichtstückchen hatten auch die Bücher auf den Regalen erreicht und klebten jetzt an ihren Einbänden wie kleine, lesefreudige Nachtschnecken.

Ich fand den alten Stoffhund Lukas unter der Bettdecke und vergrub meine Nase in seinem fadenscheinigen Fell.

„Lukas“, flüsterte ich. „Ich bin hier. Und dennoch falle ich gerade aus einem Fenster. Ist das nicht seltsam?“

Ich versuchte, mich aufzusetzen. Es glückte erst beim dritten Versuch, jeder einzelne Zentimeter meines Körpers tat weh und all meine Kraft war verloren gegangen.

Ich starrte in die Dunkelheit.

„Lukas“, fuhr ich fort. „Ich muss endlich damit aufhören. Mit dem Fallen, meine ich. Mein Kopf ist so schwer. Ich will endlich unten ankommen.“

Aber ich verstand jetzt: Wenn ich nicht selbst dafür sorgte, würde ich bis in alle Ewigkeit weiterfallen. Ich musste irgendwie aus einem der Bilder hierhergekommen sein, und ehe ich nicht wieder in das Bild zurückging, konnte meine Geschichte im Palast des Namenlosen nicht weitergehen.

Auf dem Nachttisch lagen ein Fieberthermometer und eine Schachtel Tabletten. Die Ribbeks dachten also, ich wäre krank. Ich lächelte.

Dann legte ich Lukas zurück ins Bett, ging auf Zehenspitzen durch das Zimmer und öffnete die Tür. Ich musste mich am Rahmen festhalten, um nicht zu fallen. Alles drehte sich um mich, der Raum schwankte wie ein Schiff auf hoher See und die Wände schienen sich abwechselnd vor- und zurückzuwölben.

Ich lauschte. Alles war still. Unten im Haus tickte irgendwo eine Uhr.

Paul und Ines schliefen.

Vorsichtig tappte ich an der Wand entlang bis zur Tür des Adoptivzimmers.

Auch Arnim lag auf dem eisernen Bett und schlief.

Ich tastete mich vor, bis ich vor dem Bild stand, auf dem ich mitten in der Luft zwischen Himmel und Erde zu sehen war, wie ich fiel.

Ich spürte den Wind in meinen Haaren und hörte ein letztes, wütendes Brüllen des Löwen hinter mir.

Der Fliesenboden des Hofes raste auf mich zu.

Da geschah etwas Seltsames.

Ich ruderte mit den Armen – und mit einem Mal merkte ich, dass da gar keine Arme mehr waren. Womit ich ruderte, das waren weiße Flügel mit violetten Tupfen darauf.

So also rief man den Zauber zurück: Man sprang einfach von irgendwo hinunter. Natürlich, dachte ich, sobald ich die Erde berührt hatte, war ich wieder ein Mensch geworden. Und nun, als ich sie verlassen hatte, war das Gegenteil geschehen.

Verzweifelt begann ich zu flattern. Mein einer Flügel ließ sich nur mit größter Anstrengung bewegen, das war der, dessen Schulter der Namenlose zerbissen hatte. Ich musste ein wirklich klägliches Bild abgeben, wie ich da durch den Himmel torkelte. Aber wenigstens hörte ich auf zu fallen.

Ich gewann an Höhe, taumelte aufwärts wie ein zu groß geratener Schmetterling und fand mich schließlich weit genug über den glänzenden Dächern des Palastes, um sie zu überqueren. Der Garten tanzte unter mir vorbei, ich konnte das Gleichgewicht in der Luft kaum halten, sackte ab, stieg auf, sackte wieder ab …

Die Schmerzen in meiner Schulter waren scharf wie Fleischermesser und nahmen mir beinahe den Atem. Aber jetzt hatte ich keine Zeit für Atemprobleme. Ich wusste nicht, wohin ich flog, wusste nicht, ob es irgendeinen Sinn hatte – doch ich musste weiter, weiter, so lange es ging.

Mein Kopf war einmal so leicht, dass ich glaubte, er müsste davonsegeln, und einmal so schwer, dass ich befürchtete, er würde sich lösen und hinunterfallen.

Und dann sah ich den Schatten. Er war bereits direkt über mir. Ehe ich überhaupt einen vernünftigen Gedanken fassen konnte, stieß er herab.

Ich erwartete den Schmerz zuschlagender Krallen, den triumphierenden Schrei des riesigen schwarzen Adlers mit den gelben Augen – aber alles ging seltsamerweise ganz lautlos vor sich.

Etwas packte mich, soweit hatte ich recht gehabt.

Allein, es packte mich sehr sanft.

Ich hing zwischen den großen Krallen wie ein nasses Stück Stoff – und wenig später fühlte ich, wie ich behutsam auf etwas Weiches, Strohiges gelegt wurde.

Ich wollte den Kopf heben, um zu sehen, wo ich war, doch ich schlief sofort ein.

Als ich wieder wach wurde, lag ich neben Lukas unter der Decke und wusste nicht, wie ich mich vom Adoptivzimmer hierher geschleppt hatte.

Draußen graute der Morgen herauf.

Ich glaube, ich schlief zwei Tage und zwei Nächte lang, nur zwischendurch wachte ich für ein paar unwirkliche Augenblicke auf.

„Du musst viel schlafen, damit du gesund wirst", sagte Paul.

Der fremde Mann kam wieder. Er war Arzt.

„Es ist meine Schulter", versuchte ich ihm zu erklären. „Meine Schulter und das Bein."

Aber meine Stimme war noch immer so leise, dass der Arzt sie kaum hören konnte.

„Was ist los mit deiner Schulter?“, erkundigte er sich freundlich und schob meinen Schlafanzugärmel hoch.

„Ein Löwe“, flüsterte ich. „Ein sehr großer Löwe. Seine Zähne haben meinen Hals verfehlt – aber sie haben die Schulter erwischt. Sehen Sie denn das Blut nicht?“

Der Arzt wandte sich ab und wisperte Paul heimlich etwas zu. Bestimmt dachte er, ich verstünde es nicht, aber ich konnte nur schlecht sprechen, hören konnte ich ganz gut.

„Er fantasiert“, sagte der Arzt. „Ein Löwe!“ Und er schüttelte nachsichtig den Kopf.

„Und das Bein?“, fragte ich. „Sehen Sie sich mein Bein an! Es ist von oben bis unten aufgerissen! Von den riesigen Krallen!“

Aber selbst den riesigen Kratzer konnte der Arzt nirgendwo finden, und ich dachte, wie wenig Ärzte doch verstehen.

Doch bald musste ich feststellen, dass auch Paul und Ines meine Wunden nicht sahen. Es waren unsichtbare Wunden – unsichtbar für die Menschen in dieser Welt. Wie aber sollten sie heilen, wenn niemand an sie glaubte? Wer würde sie verbinden?

Fast immer, wenn ich aufwachte, war jemand da.

Ines wickelte mir nasse Handtücher um die Beine und Plastiktüten darum, und Paul gab mir Tabletten zu schlucken.

Ines sang mich in den Schlaf, wenn mein Kopf so wehtat, dass er nicht träumen wollte.

Paul las mir Geschichten vor, die ich immer nur zur Hälfte hörte, weil ich dann schon wieder schlief. Und einmal hob er mich mitten in der Nacht aus meinem Bett, trug mich ins Bad und sagte: „So, jetzt wollen wir doch mal sehen, ob das Fieber es bei richtig schönem kaltem Wasser nicht mit der Angst zu tun bekommt.“

Er stellte mich in die Badewanne und duschte mich so eiskalt ab, dass ich schrie. Aber er hatte wohl recht, dem Fieber gefiel das ebenfalls nicht, denn hinterher verkündete Paul fröhlich, es wäre gesunken.

Er rubbelte mich trocken und legte mich wieder ins Bett und blieb neben mir sitzen, bis mir die Augen wieder zufielen.

„War Arnim auch irgendwann so krank?“, fragte ich an einem Abend, als Ines mit einem Teller Suppe zu mir kam.

Sie überlegte. „Als er drei war, glaube ich“, antwortete sie schließlich. „Ich habe stundenlang auf seiner Bettkante gesessen; ich fühlte mich müder und müder, und er wurde und wurde nicht gesund … Wir bekamen richtig Angst.“

Sie lachte ein kleines, trauriges Lachen. „Er ist natürlich doch gesund geworden und rannte wieder durch den Garten und quietschte, wenn Paul ihn fangen wollte ...“

Als sie den Kopf schüttelte, flog ihr offenes rotes Haar nach allen Seiten – genau wie das von Arnim.

„Ist es nicht komisch, Achim?“, fragte sie. „Dass sie dann einfach sagten, er wäre tot? Ganz, ohne krank zu sein? Nur, weil er im falschen Moment über die Straße gegangen war?“

Ich nickte und legte den Suppenlöffel weg und tastete nach Ines’ Hand.

„Irgendwann wirst du nicht mehr traurig sein“, sagte ich.

Falls ich stark genug bin, dachte ich. Falls ich es schaffe.

Aber das sagte ich nicht laut.

Am zweiten oder dritten Tag sagte Ines, nun wäre Montag, und sie müssten beide wieder zur Arbeit, denn am Freitag wären sie schon zu Hause geblieben.

„Meinetwegen?“, staunte ich.

„Natürlich, du Dummkopf“, antwortete Paul freundlich. „Oder glaubst du vielleicht, wir hätten uns freigenommen, um endlich einmal die Grashalme im Garten zu zählen? Oder die weißen und violetten Blüten der Kletterpflanze an der Wand?“

Er stopfte die Decke um mich fest und machte ein strenges Gesicht.

„Sei aber ja brav und bleib im Bett“, sagte er. „Nicht dass du mir auf die Idee kommst, mal eben eine Reise nach Afrika anzutreten oder so.“

Ich nickte. Er konnte ja nicht wissen, dass die Reise, die ich vorhatte, viel weiter führte als nur bis nach Afrika.

Nachdem sie gegangen waren, zog ich meine Kleider an, weil ich nicht plötzlich im Schlafanzug im Palast oder sonst wo auftauchen wollte, dann schlüpfte ich leise durch die Tür zum Adoptivzimmer.

„Meine Güte“, sagte Arnim. „Dich gibt es also auch noch. Ich dachte schon, du hättest dich in Luft aufgelöst oder so. Was ist passiert?“

Ich überlegte, ob ich wütend werden sollte. Aber dann sah ich Arnims Gesichtsausdruck und merkte, dass er wirklich besorgt war.

„Schwer zu sagen, was passiert ist“, antwortete ich. „Ich war krank – aber eigentlich bin ich gefallen. Und jemand hat mich aufgefangen, aber ich weiß noch nicht, wo ich bin, und Ines und Paul waren auch die ganze Zeit da …“

Arnim nickte, schüttelte danach den Kopf und zuckte schließlich mit den Schultern.

„Na, Hauptsache, du bist jetzt hier.“

„Ja“, sagte ich. „Aber gleich nicht mehr. Denn nun muss ich nachsehen, wer mich gerettet hat. Falls er das hat.“

Ich sah nirgendwo ein Bild von einem großen Vogel, der einen kleineren weißen in den Krallen trug, und auch nirgends ein Bild von einer Strohmatratze.

Doch Arnim zeigte stumm. „Aus diesem bist du gekommen."

An der Wand über dem eisernen Bett hing ein Bild von einem Baum, der so hoch war, dass die anderen Bäume neben ihm wirkten wie Kresse. Die Krone des Baumes war klein und flach, als säße eine winzige Wolke auf dem unendlich langen, schlanken Stamm. Durch die Blätterwolke sah man schemenhaft eine Art Kugel, die an einem Ast klebte.

„Ein Nest", sagte Arnim. „Du bist in einem Nest gelandet."

„Sieht eher aus wie ein Tischtennisball", meinte ich. „Aber ich werde es ja gleich erfahren."

Und das tat ich.

Das Stroh unter mir kitzelte und ich öffnete probehalber ein Auge.

Es herrschte dasselbe gedämpfte Licht wie die letzten Tage über in meinem Krankenzimmer.

Als ich das zweite Auge ebenfalls öffnete, erkannte ich, dass das wenige Licht, das es gab, durch eine Vielzahl kleiner Löcher in einem Dach über mir drang.

Ich zog den Kopf ganz unter meinem Flügel hervor – denn ich war noch immer ein Vogel – und sah mich genauer um. Ich befand mich in einem winzigen, ganz und gar runden Raum – so ungefähr musste es in einer Murmel aussehen.

Wenn sie hohl ist und durchlöchert, also eigentlich eher eine Murmel, die man wegwerfen sollte.

Über diesen Gedanken musste ich kichern.

„Na hallo!“, sagte da neben mir jemand, den ich bisher noch gar nicht bemerkt hatte. „Du bist ja wieder wach.“

„Ich – ich glaube“, antwortete ich kleinlaut und betrachtete im Dämmerlicht mein zerzaustes Gegenüber. Sein Gefieder besaß keine definierbare Farbe. Es war etwas zwischen Braun, Grau und Grün, und am ehesten ähnelte der Vogel einem Geier.

Einem alten, verbrauchten Geier.

„Ich bin Achim“, erklärte ich höflich. „Und wer sind Sie?“

„Oh, das tut nichts zur Sache. Was ist schon ein Name? Hierzulande nennen sie mich den Nussvogel, aber ich hatte schon viele Namen. Viele Namen und viele Leben ...“

Seine Stimme verlor sich in einem krächzenden Husten.

„Der Nussvogel?“, fragte ich. „Weshalb?“

Der Vogel ließ ein kratziges Lachen vernehmen. „Weil wir darin sind“, erklärte er. „Deswegen.“

„Darin?“

„In einer Nuss. Wir befinden uns in einer riesigen Nussschale. Dieser Baum hier, weißt du, bekommt nur einmal im Leben eine einzige große Nuss. Und weil er so unglaublich hoch ist, muss ihre Schale auch unglaublich stabil sein, damit die Nuss beim Fall auf die Erde nicht zerquetscht wird. Sie hat sogar Poren, siehst du? Damit die Nuss atmen kann, denn sie reift so lange, wie der Baum lebt. Und das ist lang, sehr, sehr lange.“

„Ich wusste nicht, dass Nüsse atmen", bemerkte ich – und glaubte es auch nicht.

Er machte eine wegwerfende Bewegung mit einem Flügel.

„Jedenfalls schlug eines Nachts der Blitz in die Nuss ein. Es war eine fürchterliche Nacht. Es stürmte und goss, und der Himmel spie Feuer wie ein wütender Drache. Ich torkelte durch die Luft – so wie du, als ich dich fand. Und auf meinen Fersen war ein mächtiger Verfolger.

Da sah ich von Ferne den Blitz. Ich dachte, er würde den ganzen Baum abbrennen, aber er schlug nur ein einziges kreisrundes Loch in die Nussschale.

Kam nicht einmal auf der anderen Seite wieder heraus.

Diese Schale, dachte ich, muss das stabilste Gebilde sein, das man sich vorstellen kann.

Ich dachte nicht lange nach, sondern schlüpfte durch das Loch ... Drinnen fand ich nur ein Häufchen Asche, die Überreste der Nuss.

Aber ich war in Sicherheit. Mein Verfolger wütete und tobte eine Weile draußen herum, denn das Loch war zu klein für ihn. Dann drehte er ab. Tja, und seitdem lebe ich hier."

Ich plusterte meine platt gelegenen Federn auf. „Dieser Verfolger ... war das ..."

„Psst!", machte mein Gastgeber. „Sprich es nicht aus. Er könnte dich hören. Man weiß es nie."

„Man weiß es nie ...", wiederholte ich nachdenklich, und dann fragte ich: „Warum haben Sie mich gerettet?"

„Das habe ich nicht“, sagte der alte Vogel. „Du hast dich ganz alleine gerettet, mein Junge. Ich brauchte dich nur aus der Luft zu pflücken wie einen reifen Apfel.“

Er kicherte leise in sich hinein. Vielleicht, dachte ich, ist er ein bisschen verrückt.

Ich krabbelte zum Ausgang. Mein einer Flügel ließ sich nur mit Mühe bewegen und das rechte Bein schmerzte noch immer.

Ich sah hinab in die Ebene. Sie war leer.

Nur einige Bäume breiteten tief unten ihre Kronen aus – doch kein Vogelgezwitscher drang aus ihnen herauf, keine bunten Tupfen zierten ihre Äste.

Ich erschrak.

„Wo sind sie alle?“, fragte ich ängstlich. „Sind sie schon aufgebrochen? In den Süden?“

„Nein“, erwiderte mein Gastgeber. „Keine Angst. Sie sammeln sich nur nicht hier. Zu wenig schützende Bäume. Alles kahl und flach. Kein guter Platz für nervöse Zeitgenossen.“

Ich betrachtete ihn nachdenklich. Jetzt, wo das Sonnenlicht durch den Eingang auf ihn fiel, wirkte der Vogel noch älter und noch abgenutzter als zuvor.

„Und Sie?“, erkundigte ich mich. „Fliegen Sie nicht mit den anderen?“

Er schüttelte den Kopf, hob beide Flügel und ließ sie wieder sinken. „Sieh mich an“, sagte er. „Meine Schwingen taugen schon lange nichts mehr. Der Weg in den Süden ist zu weit für sie.“

„Aber das war nicht immer so?“

„Früher waren meine Schwingen stolz und prächtig. Doch in jener Gewitternacht hat er sie zerfetzt. Ehe ich diesen Baum fand."

Er verstummte und starrte ins dunstige Blau der Ferne hinaus wie in einen vergangenen Traum. „Seitdem bleibe ich hier und kümmere mich um die, denen es ähnlich ergeht. Ich pflege sie gesund, ich frage sie nichts, ich lasse sie ziehen." Er seufzte. „Vielleicht nützt es – vielleicht nicht. Ich habe keinen von ihnen jemals wiedergesehen."

„Mich werden Sie wiedersehen", versprach ich. „Ich werde kommen und sagen: Nun habe ich meinen Bruder befreit und alles ist gut. Und wir werden zusammen hinaus in den Himmel segeln und der ... Er wird uns nichts mehr anhaben können."

Der Nussvogel kicherte wieder. „Bestimmt, mein Junge, bestimmt. Und Schweine fliegen."

„Wirklich!", sagte ich. „Ich weiß, was ich tun muss! Ich muss nur das Drahtseil zerschneiden, das das Foto hält. Das ist die Fessel, von der die Vögel in den Käfigen singen. Sobald ich das richtige Messer gefunden habe ..."

Der alte Vogel schwieg lange. Schließlich sagte er:

„Du bist gesund genug, um zu fliegen. Also fliege. Tu, was du für nötig hältst. Aber lass mich dir eines sagen: Die Fessel, von der sie singen ... Auch ich habe die Worte der Vögel einst gehört:

Dann höre: Es gibt einen Schlüssel zu finden,
nur dann gelingt es, das Band zu entwinden
und Fesseln von Stein zu zerschneiden, ...

Ist es das?“

Ich nickte.

„Die Fessel ist nicht das Drahtseil“, fuhr er fort. „Es ist etwas anderes – ich weiß nicht, was. Ich habe es nie herausgefunden.“

„Wie können Sie wissen, dass sie nicht das Drahtseil ist?“, widersprach ich ärgerlich.

Er fuhr mir mit seiner großen, lahmen Schwinge über den Kopf.

„Weil ich es ausprobiert habe, darum.“

„Sie ... haben es ausprobiert?“

„Auch ich bin vor langer Zeit in den Palast eingedrungen, um meinen Bruder zu befreien“, antwortete der alte Vogel. „Und ich dachte das Gleiche wie du. Aber ich lag falsch. Die Fotos bedeuten gar nichts. Später verstand ich, dass sie viel zu offensichtlich sind. Er ist schlau. Er hat sie absichtlich dort hingehängt, damit man glaubt, sie wären der Schlüssel zum Rätsel. Mich hat dieser Fehler meine Flügel gekostet. Mach du ihn nicht auch.“

Ich dankte ihm benommen. Nun war ich wieder am Anfang angelangt – ich hatte keine Ahnung, was ich tun sollte.

„In welcher Richtung liegt der Palast?“, fragte ich.

„Dort drüben“, antwortete der große Vogel und zeigte mit seiner zerzausten Schwinge. „Leb wohl, mein Junge.“

Und dann breitete ich meine Flügel aus und verließ sein ungewöhnliches Nest.

Hinter mir hörte ich ihn die letzte Zeile des alten

Liedes murmeln: *„... doch du wirst leiden, wirst leiden.“*

Ich begann gerade, über die Worte nachzudenken, da merkte ich, dass ich wieder im Adoptivzimmer stand. Wie geschah es? Wovon hing es ab, wann ich wieder hier auftauchte? Und – gab es eine Möglichkeit, es vorherzusehen?

Passierte es jedes Mal, wenn die Ribbeks nach Hause kamen? Ich schüttelte verwirrt den Kopf. Beinahe war es, als gebe es irgendwo jemanden, der alles sah und wusste, wann ich in der Welt auf dieser Seite der Bilder gebraucht wurde. Jemanden wie einen Märchenerzähler. Falls dies ein Märchen war, dachte ich, hätte ich dem Märchenerzähler aber gerne einmal klipp und klar ins Gesicht gesagt, dass mir einige Dinge in seiner Geschichte überhaupt nicht gefielen ...

„Worüber denkst du nach?“, fragte Arnim.

Er lehnte neben mir am Fenster und wickelte gedankenverloren eine weitere blütenleere Ranke der Kletterpflanze um seine Finger.

„Ach, über nichts“, sagte ich. „Vielleicht über den Herbst.“

Ja, der Herbst nahte mit aller Macht, sein Wind zerrte gierig an der Welt und nahm mit, was er nur kriegen konnte.

Ich beugte mich weit aus dem Fenster, um die abgerissenen weißen und dunkelvioletten Tupfen unten im Grasland zu entdecken. Doch sie waren nirgendwo zu sehen.

„Der Wind ist stark“, sagte ich. „Aber ich verspreche dir, ich werde es schaffen, ehe er zu stark wird, um nach Süden zu fliegen.“

Arnim sah auf und lächelte traurig.

„Vielleicht“, antwortete er.

8. Kapitel,

in welchem Ines und ich einkaufen gehen und ich zu einem erstaunlichen Schluss gelange

Etwas später aß ich das erste Mal wieder mit Ines und Paul zusammen zu Abend.

Und weil Ines fand, dass ich noch nicht ganz gesund war, verlegte sie das Essen ins Wohnzimmer und wickelte mich auf dem Sofa von Kopf bis Fuß in eine grüne Wolldecke ein.

Im Wohnzimmer gab es einen Kamin, der mir noch nie aufgefallen war. Erst jetzt, wo ein Feuer darin brannte, bemerkte ich ihn.

Die Holzscheite knisterten, ich saß da und knabberte an meinem Käsebrot, und ich dachte: So könnte ich hier immer und immer sitzen bleiben. Wenn es kein eisernes Bett und keinen Turm und keinen Palast aus schwarzen und weißen Fliesen gäbe – dann wäre ich ganz zufrieden, hier zu sitzen und in die Flammen zu sehen.

Und ich dachte, wie schön das wäre.

Aber es gab ein eisernes Bett und einen Palast und einen namenlosen Herrscher, und solange es sie gab, würde ich nie einfach hier sitzen und ruhig sein.

An diesem Abend schrieb ich auf dem Fußboden vor dem Kamin einen Brief an Karl.

Lieber Karl!, schrieb ich. *Es ist schon eine Menge geschehen, und ich weiß nicht, was noch geschehen wird. Ich habe einen Bruder bekommen mit sehr grünen*

Augen und rotem Haar und sehr kalten Händen. Ich bin auch quer durch den Himmel geflogen und war in einer Nussschale, aber das alles kannst du unmöglich glauben. Wenn wir uns wiedersehen, erzähle ich es dir ausführlich. Wenn wir uns nicht wiedersehen und jemand sagt dir, ich wäre gestorben oder so, brauchst du dir keine Sorgen zu machen. Denn dann bin ich ein kleiner weißer Vogel mit violetten Tupfen geworden und ziehe mit den anderen in den Süden.

Vergiss mich nicht,
dein Achim.

Als ich den Brief in das Kuvert steckte, konnte ich mir genau vorstellen, was Karl sagen würde: „Der gute, alte Achim!“, würde er sagen und lachen. „Jetzt ist er total übergeschnappt.“

Das Fieber traute sich nicht mehr hervor. Und weil Ines am nächsten Tag erst später in den Blumenladen musste, gingen wir vorher zusammen auf den Markt einkaufen.

Nur sie und ich.

Ich durfte vorne sitzen wie ein Erwachsener, was sich fremd und ein bisschen aufregend anfühlte. Durch den Himmel fliegen und mit weißen Riesenlöwen kämpfen – das ist *eine* Sache. Aber auf dem Beifahrersitz sitzen!

Für den Weg vom Auto zum Markt packte Ines mich so dick ein wie einen Eskimo. Das war natürlich Unsinn, denn ich bin ja kein Eskimo, und selbst ein Eskimo hätte protestiert. Aber sie bestand darauf.

„Es ist kalt“, sagte sie, „und du warst krank. Ergo: Du wirst sofort wieder krank, wenn du dich verkühlst. Ergo: Mütze, Schal und dicke, alte Jacke von mir.“

ergo *wörtlich: also (lateinisch)*

Die Jacke war bei mir so lang wie ein Mantel, aber meine eigene hatte Ines für zu dünn erklärt.

„Was heißt *ergo*?“, fragte ich aus allen meinen Kleiderschichten heraus.

„Ergo heißt, dass ich recht habe“, sagte Ines und nahm mich an der Hand.

Wenigstens hatte sie die Handschuhe vergessen.

Einkaufen auf dem Markt war ganz anders als Einkaufen, so wie ich es kannte.

„Deshalb musst du mir auch helfen“, sagte Ines. „Im Supermarkt einkaufen kann ja jeder. Das mache ich sonst immer alleine.“

Aber jetzt, erklärte sie mir, war ihr nach frischen Pilzen und Blumen und Herbstluft zumute.

Tatsache: Ich in meinem Eskimoanzug fiel gar nicht auf. Die Frauen hinter den Gemüseständen sahen mit ihren Kopftüchern allesamt aus, als hätten sie Zahnschmerzen. Ich hielt Ines' Korb und las ihr die Einkaufsliste vor.

Das war nicht einfach, denn Ines' Schrift sah beinahe genauso aus wie die verhutzelten Walnüsse, die hier in großen Säcken herumstanden.

„Paar Motten“, las ich und zupfte Ines am Ärmel. „Ines, was willst du mit ein paar Motten?“

Sie beugte sich stirnrunzelnd über die Liste. „Nein“, murmelte sie, „da steht: kleine Sprotten. Das sind Fische.“

Vor dem Fischstand wurde sie aber unsicher. „Ich kann mich gar nicht erinnern, was ich mit den Sprotten vorhatte“, sagte sie und sah sich den Zettel noch einmal an.

„Karotten!“, rief sie und hielt ihn triumphierend hoch. „Es heißt Karotten!“

Meine Nase wurde von Stand zu Stand kälter. Sie freute sich natürlich, dass es überall nach Kräutern und Gewürzen duftete, doch ich konnte fühlen, wie sie rot leuchtete.

„Es ist beinahe Winter hier“, sagte ich. „Dabei haben wir noch nicht mal Herbst.“

Ines lachte. „Morgen ist dann vielleicht plötzlich wieder Frühling.“

Wir tranken heißen Apfelsaft und kauften bei einem sehr alten Mann heiße Maronen.

Der Mann erinnerte mich plötzlich an den Nussvogel. Hier stand ich auf dem Markt und trank Apfelsaft und pulte Maronen aus – und Arnim saß auf seinem eisernen Bett und wartete darauf, dass ich wieder kam!

„Guck mal!“, sagte Ines. „Da vorne sind Tom und Anna mit ihrer Mutter! Ich wollte schon die ganze Woche mal bei ihnen vorbeischauen, um mich zu bedanken, dass sie sich ein bisschen um dich kümmern. Das Telefon war dauernd besetzt, wenn ich versucht habe, sie anzurufen ...“

„Ja, ja“, sagte ich, „sie telefonieren ziemlich viel, diese Leute.“

Und ich dankte dem Himmel und dem Telefon, dass

es besetzt gewesen war. Denn es gab keinen Zweifel: Tom und Anna mussten die Nachbarskinder sein.

Die Nachbarskinder, mit denen ich angeblich die letzten Tage verbracht hatte ...

Ines stellte sich auf die Zehenspitzen und winkte über das Menschengewühl hinweg.

„Andrea!“, rief sie. Mir wurde ganz kalt vor Angst. Denn nun, nun würden Tom und Anna samt Mutter herüberkommen und Ines würde feststellen, dass ich mich nie bei ihnen hatte sehen lassen. Mir traten vor Wut die Tränen in die Augen.

Gerade war die Welt beinahe in Ordnung gewesen! Das Kaminfeuer und das Gefühl, dass Ines mich zum Korbtragen und Listelesen brauchte ... und jetzt zersplitterte all das in tausend Stücke.

Eine dicke Frau mit blonden Locken winkte zurück und bugsierte ihre beiden Kinder vor sich her, zwischen Gemüseauslagen und Gewürzsäcken direkt auf uns zu.

„Hallo!“, rief sie. „Ines! Wir haben uns ja eine Ewigkeit nicht mehr gesehen!“

Die Kinder hatten die gleichen blonden Locken wie ihre Mutter. Standen nur da und starrten mich an.

„Was für ein Glück, dass wir euch hier treffen“, sagte Ines. „Ich wollte mich schon seit einer Ewigkeit dafür bedanken, dass ihr ein bisschen auf Achim aufpasst. Eure Telefonleitung ist immer besetzt ...“

Die fremde Frau sah Ines verständnislos an. „Wir hatten das Telefon ausgestöpselt“, erklärte sie stirnrunzelnd. „Weil wir doch im Urlaub waren. Hatte ich dir das nicht erzählt?“

Ich dachte, jetzt wäre es praktisch, einen Asthmaanfall zu bekommen. Aber ich bekam keinen. Ich blickte von Ines zu der fremden Frau und wieder zurück. Das Lächeln wich aus Ines' Gesicht, und ich machte mich ganz klein. Jetzt war alles aus.

„Ihr – ihr wart –, oh Gott, ich erinnere mich“, sagte sie sehr leise. „Ja, doch. Du hattest es mir erzählt. Griechenland, nicht wahr? Ihr wart in Griechenland?“

Tom und Anna nickten stolz, und Tom streckte mir dabei ganz schnell die Zunge heraus.

„Wir sind auch ganz braun“, sagte Anna und streckte ihre Arme vor.

„Das sind wir immer nach den Ferien“, sagte Tom – mehr zu mir als zu Ines. „Wir fahren nämlich jedes Jahr weg. Du bist ganz blass. Du warst bestimmt noch nie in irgendeinem Ausland.“

Ich wollte etwas erwidern, aber ich konnte nicht, weil ich dem Gespräch über unseren Köpfen zuhören musste. Vielleicht, dachte ich, sollte ich jetzt in die Menschenmenge tauchen und weglaufen und einfach nie mehr wiederkommen. Jetzt, da Ines wusste, dass ich ein Lügner war.

„Ich Idiot!“, hörte ich sie sagen. „Ich kompletter Idiot! Andrea, weißt du, was ich gemacht habe? Ich habe den Jungen zu euch hinübergeschickt, damit er nicht den ganzen Tag alleine ist, während wir arbeiten.“ Sie senkte ihre Stimme zu einem Flüstern, aber natürlich hörte ich sie trotzdem.

„Und er hat nichts gesagt“, fuhr sie fort. „Er war die ganze Zeit über allein und hat nichts gesagt!“ Sie ging in die Knie, bis ihre Augen genau auf Höhe meiner Augen waren, und sah mich sehr ernst an.

„Du wolltest nicht, dass wir uns Sorgen machen“, sagte sie. „Nicht wahr? Deshalb hast du so getan, als wären Tom und Anna und ihre Eltern da?“

„Na ja – irgendwie schon“, erwiderte ich kläglich.

Tom und Anna starrten mich noch immer an wie ein außerirdisches Insekt.

Ich fühlte mich scheußlich. Eigentlich hätte ich erleichtert sein müssen, dass Ines nicht böse war. Aber stattdessen schämte ich mich. Ines dachte, ich hätte aus lauter Höflichkeit gelogen, dabei hatte ich nicht einmal gewusst, dass die Nachbarn nicht da waren!

„Achim wohnt nämlich jetzt bei uns“, sagte Ines zu den beiden blonden Kindern.

„Echt?“, sagte Tom, aber man sah ihm an, dass er lieber etwas anderes gesagt hätte, irgendetwas Gemeines.

„Vielleicht geht ihr bald in dieselbe Klasse“, sagte Ines und stand wieder auf.

Während das Gespräch der Frauen über uns weiterplätscherte, musterte mich Tom abschätzig von Kopf bis Fuß. Jetzt sah ich, dass er ein ganzes Stück größer war als ich. Er sah auch viel stärker aus – nicht ganz so wie Karl, aber fast.

„*Du* kommst in die *Sechste*?“, fragte er.

Ich nickte.

„Komisch“, sagte er nachdenklich. „Du siehst so klein und dünn aus. Stimmt etwas nicht mit dir?“

Das Mädchen zog ihn am Ärmel. „Lass ihn doch, Tom“, flüsterte sie.

„Mit mir stimmt alles“, sagte ich und holte in einer plötzlichen Erinnerung an den Löwen das Spray aus meiner Tasche. „Ich habe nur Asthma.“ Damit hielt ich Tom die kleine Dose entgegen wie eine Waffe. Ich drückte nicht ab.

Tom war ja kein Löwe.

Aber beeindruckt sah er trotzdem aus.

„Asthma“, wiederholte er.

„Eben“, erklärte ich. „Und das hast du nicht.“

Ich legte so viel Stolz in meine Stimme, wie ich konnte. Vielleicht klappte es ja und Tom glaubte,

Asthma wäre etwas Tolles – wie ein Gameboy oder ein Mountainbike.

„Ist Ines jetzt deine Mutter?“, fragte Anna.

Ich schüttelte den Kopf. „Natürlich *nicht*! Das wird man doch nicht plötzlich so!“

Und Tom nickte – irgendwie befriedigt, fand ich.

Dann entschied Ines, dass wir nach Hause mussten, und zog mich fort.

„Es tut mir unglaublich leid, Achim“, sagte sie auf dem Heimweg. „Möchtest du denn morgen mal hinübergehen und mit den beiden spielen?“

„Ich glaube, ich spiele eigentlich sowieso lieber alleine“, antwortete ich leise.

„Wie du meinst“, sagte Ines.

Ich glaube, wir waren beide sehr erleichtert. Sie darüber, dass ich lieber alleine spielte, und ich, weil sie nicht böse war.

Zu Hause fragte Ines ganz zaghaft, ob ich nicht einen Mittagschlaf machen wollte, weil ich mich nach dem Kranksein noch schonen musste. Und obwohl ich eigentlich keinen Mittagschlaf machen wollte, nickte ich und schlüpfte in mein Bett.

Als ich wieder aufwachte, war sie schon ins Blumengeschäft gegangen.

Ich wollte den Apfelbäumen einen Besuch abstatten, ehe ich zu Arnim in das Adoptivzimmer zurückkehrte. Vielleicht halfen mir die Bäume beim Denken.

Denn ich hatte keine Ahnung, wie es jetzt weitergehen sollte.

Ich war nicht schlauer als am Anfang, und doch war ich schon so weit gereist ...

Auf der Schaukel im Garten saß schon jemand.

Es war Paul, und er schaukelte hin und her und sah aus, als dächte er ebenfalls nach.

„Hallo, Achim“, sagte er. „Du hast geschlafen, als ich nach Hause kam, da wollte ich dich nicht wecken.“

Er rückte ein Stück. „Willst du auch schaukeln? Ist prima zum Nachdenken.“

„Hm, vielleicht“, sagte ich.

Wir schaukelten eine Weile gemeinsam im blauen Nachmittag und brauchten gar nicht zu reden, weil jeder wusste, dass der andere wichtige Gedanken hatte, denen er nachhing.

„Hier sitzen wir also und grübeln“, sagte Paul einmal, und ich nickte, und all das war sehr angenehm so.

In meinem Kopf sang das uralte Lied der Vögel:

Dann höre: Es gibt einen Schlüssel zu finden,
nur dann gelingt es, das Band zu entwinden
und Fesseln von Stein zu zerschneiden ...

„Wo würdest du einen Schlüssel suchen?“, fragte ich Paul. „Wenn du ihn verloren hättest?“

„Du meinst: Wenn er nicht im Schlüsselkasten ist? Oder sonst irgendwo, wo man mit ihm rechnen würde?“

„Hm.“

„Ich würde Ines fragen“, antwortete er. „Ines tut Schlüssel an die unmöglichsten Stellen. Aus Versehen, versteht sich. Einmal habe ich den Autoschlüssel in der Käsedose im Kühlschrank gefunden.“

Ich kicherte.

„Paul“, fragte ich etwas später, „worüber musst du denn nachdenken?“

Er seufzte. „Über eine ganze Menge Sachen. Eine davon ist die Gartenarbeit. Ich bin heute früher nach Hause gekommen, um mich endlich darum zu kümmern. Aber man weiß einfach nicht, wo man anfangen soll. Sieh dir zum Beispiel diese Pflanze an.“

Er zeigte auf die Hauswand zwischen den beiden Flurfenstern im ersten Stock.

„Ich gieße sie, wenn die Sonne scheint, ich decke sie im Winter mit Tannengrün ab, ich dünge sie – ich tue wirklich alles, was sie sich wünschen kann. Dennoch wirft sie unaufhörlich ihre Blütenblätter ab. Sie blüht, weiß und dunkelviolett, aber jedes Mal, wenn ich denke, ich habe es geschafft, sind wieder alle Blütenblätter fort.“

„Das ist der Wind“, sagte ich. „Ihre Blüten sind eben besonders zart.“

Doch Paul schüttelte den Kopf. „Sie sind sogar unglaublich hart“, widersprach er. „Und dennoch ... Vielleicht sollte ich ein anderes Düngemittel kaufen. Dabei ...“

Er verstummte und schüttelte den Kopf.

„Hm?“, fragte ich.

„Na ja – sie blüht sogar im Winter. Ganz exotisches Biest. Bloß die Blüten bleiben nicht.“

Ich sah mir die Blüten an, weiße und dunkle immer abwechselnd.

Ich sah sie mir an, und wir schaukelten wieder ein bisschen, und dann –

ganz plötzlich ...

fiel es mir auf.

Mir wurde kalt und heiß, und etwas kribbelte durch meinen Körper hindurch wie eine ganze Herde Ameisen. Das war das Erkennen.

„Paul“, flüsterte ich, „Paul, wie lange wächst diese Kletterpflanze da schon?“

„Oh – lange“, antwortete er. „Vier Jahre, fünf? Nein, länger.“ Er zog die Stirn kraus und überlegte. „Richtig, es war in dem Sommer, nachdem ... als Arnim ge... als er nicht mehr da war. Also sieben Jahre.“

„Hast du sie für ihn gepflanzt? Für Arnim?“

„Nein“, erwiderte Paul. „Ehrlich gesagt: Ich habe sie überhaupt nicht gepflanzt. Sie war eines Tages plötzlich da. Der Samen muss von irgendwo hierhergeweht sein ...“

„So was dachte ich mir“, murmelte ich.

Und ich sah in den kalten blauen Himmel hinauf, wo eine Schar Gänse vorüberzog.

Die Pflanze.

Die Pflanze war die einzige Verbindung zwischen der Welt hinter der Tür mit dem silbernen Griff und der Welt, in der Ines und Paul lebten.

Arnim hatte gedankenverloren mit einer ihrer Ranken gespielt, und Paul goss und düngte sie.

Und sie verlor ihre Blütenblätter stets, ehe sie welken konnten – sommers wie winters.

Was hatte das alles nur zu bedeuten?

„Ich fange jetzt mal mit irgendetwas an“, erklärte Paul und sprang von der Schaukel. „Blätter zusammenharken wäre eine feine Sache. Dabei braucht man nicht zu denken."

Oh, wie sehr wünschte ich mir, auch einmal nicht mehr denken zu müssen!

Mir nicht mehr den Kopf zu zermartern, wie es weitergehen sollte!

„Kann ich auch Blätter harken?", fragte ich.

Aber Paul sagte streng: „Kommt nicht infrage. Dann schwitzt du und frierst hinterher wieder, und Ines dreht mir den Hals um, weil du einen Rückfall bekommst. Du gehst jetzt hinein ins Warme und tust irgendetwas Ungefährliches dort."

Ich grinste und nickte.

Doch als ich kurz darauf die schmale Treppe hinauflief, grinste ich nicht mehr.

Etwas Ungefährliches.

Paul hatte ja keine Ahnung.

„Arnim", sagte ich. „Hast du jemals über die Pflanze nachgedacht?"

„Über welche Pflanze?", fragte Arnim.

Seine Stimme kam von unter dem Bett. Ich kniete mich hin und steckte meinen Kopf darunter.

„Was machst du da?"

Arnim kauerte mit angezogenen Beinen in einer Ecke, und hier in der Dunkelheit hatten seine grünen Augen gar keine Farbe. Sein rotes Haar sah plötzlich strähnig und müde aus.

„Nichts", sagte er. „Ich wollte nur nicht sehen, wie sie sich sammeln."

„Sich sammeln?“

„Die Vögel. Sie fliegen schon den ganzen Tag über den Himmel und üben ihre Formationen für die lange Reise. Links herum und rechts herum und einander dabei nicht verlieren ...“

Formation *bestimmte Anordnung*

Ich sah aus dem Fenster. „Da ist niemand mehr am Himmel. Komm.“

Und ich reichte ihm meine Hand.

Als er vor mir stand, ließ er den Kopf hängen.

„Du wirst dabei sein, wenn sie ziehen, Arnim“, sagte ich eindringlich. „Hab noch ein wenig Geduld, ein klitzekleines bisschen nur.“

„Ich habe seit sieben Jahren Geduld“, erwiderte er. „Und ich kann schließlich auch gar nichts anderes tun, als Geduld zu haben. Den ganzen Tag und die ganze Nacht habe ich Geduld. Es macht einen so müde, Achim. So unendlich müde. Meine Sehnsucht wächst und wächst, und einmal frisst sie mich vielleicht auf.“

„Du darfst jetzt nicht daran denken. Denn jetzt musst du mir helfen.“

Ich zog ihn zum Fenster.

Draußen schwankten die obersten Ranken der Kletterpflanze im Herbstwind hin und her wie die Fühler eines großen Insekts.

An einer hatten sich bereits wieder zwei neue, duftende Blüten geöffnet: eine weiße und eine violette – so dunkel, dass sie beinahe schwarz erschien.

„Sieh sie dir genau an, Arnim“, sagte ich. „Und versuche, dich zu erinnern: War diese Pflanze schon immer da?“

Er nickte. „Als ich das erste Mal hier im Turm aufwachte, sah ich sie tief unten blühen. Da war sie noch ganz klein. Aber mit den Jahren kletterte sie bis hier oben zu meinen Fenstern. Und sie klettert noch immer. Sie wächst und wächst ..."

„Und sie blüht im Sommer wie im Winter", fuhr ich fort. „Und sie verliert ihre Blütenblätter stets vor der Zeit."

„Woher weißt du das?"

„Paul hat es mir gesagt. Sie rankt nicht nur am Turm hinauf, sondern auch am Haus deiner Eltern."

Ich streckte die Hand nach einer Blüte aus und fuhr mit den Fingern die weißen Blätter entlang. Paul hatte recht: Sie waren überhaupt nicht zerbrechlich, sondern dick und hart. Hart wie Stein.

Und dann fiel mir ein, woher ich die Form der Blütenblätter kannte:

Die gleiche Form hatten auch die kleinen Fliesenstückchen, welche die langen Flure des Palastes zierten. Es war eine Puzzleform. Man konnte sie zu vielen verschiedenen Mustern zusammensetzen, zu Blumen und Sternen ...

Ich versuchte, eines der Blütenblätter zu knicken. Doch es gab nicht nach.

„Keramik“, flüsterte ich. „Sie sind aus Keramik. Guck sie dir nur an, Arnim! Diese Pflanze produziert hunderte winziger Fliesen!“

Denn mit einem Mal – ja, mit einem Mal verstand ich.

Arnim sah mich verwirrt an. „Fliesen?“

„Aber ja!“, rief ich. „Das ist es, Arnim! Das ist es! Ich werde es dir erklären. Sag mir – wie würdest du ihre Farbe beschreiben?“

„Die einen sind weiß und die anderen ... am ehesten violett. Aber so dunkel, dass man beinahe glauben könnte, sie wären schwarz.“

„Und was hast du vorhin über deine Sehnsucht gesagt?“

„Dass sie ... dass sie wächst und wächst.“

„Und was hast du über die Pflanze gesagt?“

Er schlug sich die Hand vor den Mund. „Sie wächst

und wächst“, wisperte er, „genau wie meine Sehnsucht ...“

Ich fasste ihn beim Arm und sagte feierlich: „Die Blüten, Arnim – sie *sind* schwarz. Schwarz und weiß. Und die weißen, Arnim – sie *sind* deine ...“

Da schwoll über uns ein Rauschen an, es erfüllte die Luft wie eine böse Vorahnung, und im nächsten Moment verdunkelte ein riesiger Schatten den Himmel.

Wir duckten uns auf den Boden und schirmten die Köpfe mit den Armen ab, doch zwischen meinen Fingern hindurch sah ich, wie der schwarze Adler für einige Sekunden auf dem schmalen Sims vor dem Eisengitter landete. Seine scharfen Krallen streckten sich durch das Gitter und rissen die weiße und die schwarze Blüte von der Ranke, die ins Zimmer hineinhing – dann erhob er sich wieder in die Lüfte und segelte mit einem grauenvollen Schrei auf seinen mächtigen Schwingen davon.

Wir atmeten schwer und blickten uns an.

„Achim“, wisperte Arnim. „Du blutest ja. Am Arm.“

Ich fasste hin, und meine Finger wurden rot und klebrig.

„Ach, das ist nichts weiter“, flüsterte ich. „Ich habe mich bloß nicht schnell genug geduckt. Seine Kralle hat mich erwischt. Aber jetzt, jetzt wissen wir es genau!“

„Er trägt die Blüten fort und baut seinen Palast daraus“, flüsterte Arnim. „Bisher muss er es immer getan haben, während ich schlief. Die weißen Blüten sind meine Sehnsucht, nicht wahr? Und die schwarzen sind die Trauer von Ines und Paul."

Ich nickte, und Arnim nickte auch, und dann standen wir lange einfach so da und schwiegen. Unter uns umschlangen die Ranken der Pflanze den Turm in einer niemals endenden Umarmung. Einer schrecklichen Umarmung, dachte ich, eisig und gnadenlos. Und dann dachte ich: steinern und gnadenlos. Und dann dachte ich beinahe gar nichts Zusammenhängendes mehr, so aufgeregt wurde ich.

„Arnim", flüsterte ich, „Arnim, ich glaube, ich weiß es jetzt!"

Und Fesseln von Stein zu zerschneiden. Die steinerne Fessel war nichts anderes als jene Ranke, die sommers wie winters um den Turm kroch, jene Ranke mit den weißen und schwarzen Keramikblüten.

Ich krallte meine Finger in seinen kalten, weißen Arm vor lauter Aufregung. Sie hinterließen keinen Abdruck dort.

„Die Kletterpflanze", wisperte ich. „Sie ist es, mit der der Namenlose dich gefangen hält. Wir brauchen etwas, um den Stamm zu durchtrennen, damit sie nicht mehr wachsen kann. Und dann ..."

Er sah mich an und seine grünen, grünen Augen sprachen von einer Hoffnung, die Angst hatte, enttäuscht zu werden.

Doch ich würde sie nicht enttäuschen.

„Dann wirst du frei sein", sagte ich entschlossen.

In der Küche fand ich ein Brotmesser mit Zacken und ein Fleischmesser ohne, ein Tomatenmesser, mehrere kleine Gemüsemesser, eine große Schere und in einem Werkzeugkasten im Flur eine Laubsäge.

Draußen jagte Paul mit einer großen Harke die Blätter, die der Wind ihm immer wieder entriss. Ich nahm die Messer und flitzte die Treppe wieder hinauf.

„Um den Stamm durchzuschneiden, musst du hinunter“, sagte Arnim. „Aber die Messer können wir genauso gut an den Ranken hier oben ausprobieren.“

Ja, und dann probierten wir.

Wir säbelten und sägten den ganzen Nachmittag, setzten ein Messer nach dem anderen an – ohne Erfolg.

Keines der Messer vermochte die Ranken auch nur anzuritzen.

Schließlich brachte ich sie zurück, damit Paul sich nicht wunderte, und versprach Arnim, nachzudenken.

Er saß auf dem eisernen Stuhl an dem eisernen Tisch, als ich ihn verließ, den Kopf in die Hände gestützt, und sah mir nach.

„Ja, tu das nur“, sagte er. „Denk nach, Achim. Ich werde dasselbe tun – und das müssen wir auch. Denn wenn uns jetzt nicht bald etwas einfällt, ist es endgültig aus mit der Fliegerei in den Süden.“

Unten hatte Paul das Blätterharken aufgegeben. Ich entdeckte ihn zufällig im Wohnzimmer, wo er an dem großen Schreibtisch aus rotem Holz saß und mit Papier knisterte. Er saß mit dem Rücken zu mir, und neben ihm lag ein Stapel Briefe.

Ich räusperte mich, um irgendetwas zu sagen – schließlich hatte ich mich nicht anschleichen wollen. Da klingelte das Telefon, und Paul sprang auf. Das Telefon stand in der Küche.

„*Da* bist du also, Achim“, sagte Paul im Vorbeigehen. Dann war ich alleine im Wohnzimmer.

Ich dachte, ich könnte schließlich ebenso gut nachsehen, woher die Briefe kamen. Leider sahen sie alle langweilig aus.

Inmitten des Papierberges aber lag noch ein Messer, eines, wie man es weder in der Küche noch im Werkzeugkasten finden kann. Für einen Augenblick schlug mein Herz schneller – doch dann sah ich, dass es nur ein Papiermesser war.

Ich nahm es trotzdem in die Hand und fuhr mit dem Daumen über die Schneide – nur so, um mal zu sehen, wie sich das anfühlte.

Mit einem überraschten Aufschrei ließ ich es fallen.

Dunkelrotes Blut tropfte von meinem Daumen herab auf den Teppich. Es tropfte aus einem langen, geraden Schnitt.

„Achim!“, rief Paul, der hinter mich getreten war. Das Telefon trug er in der Hand und hinein sagte er: „Entschuldigen Sie, ich muss jetzt Schluss machen, unser Kind versucht gerade, sich mit meinem Papiermesser umzubringen ... Wie bitte? Natürlich haben wir ein Kind. Das wussten Sie nicht? Nun, ist das meine Schuld?“

Damit legte er auf und sah mich kopfschüttelnd an.

„Der Teppich …“, sagte ich kleinlaut und lutschte an meinem Daumen, damit er nicht mehr tropfte. Der Schnitt brannte höllisch.

„Der Teppich, der Teppich!“ Paul nahm meine Hand und sah sie sich an. „Dein Daumen, um den geht es! Warum versuchst du, ihn abzuschneiden? Gefällt er dir nicht?“

„Er ist doch noch dran“, murmelte ich leise.

„Aber nicht mehr lange, wenn du so weitermachst! Was ist passiert?“

Er zog eine Schublade des Schreibtisches auf und wühlte darin herum.

„Das Papiermesser“, erklärte ich. „Ich wollte sehen, wie scharf es ist … Eigentlich dachte ich, es ist überhaupt nicht scharf … Wo man doch nur Briefe damit öffnet …“

Paul fand ein Pflaster. „Briefe? Mit einem Papiermesser öffnet man keine Briefe. Das macht man mit einem Brieföffner. Halt still.“

„Aber du hast doch eben Briefe damit geöffnet!“, protestierte ich.

„Keineswegs. Ich habe ein Stück dicke Pappe damit geschnitten.“

„Bist du … bist du jetzt böse?“, fragte ich zaghaft und betrachtete meinen bepflasterten Daumen.

Paul umarmte mich.

„Natürlich bin ich nicht böse auf dich“, sagte er. „Ich mache mir nur Sorgen, dass du dich eines Tages in den Toaster steckst, um zu sehen, wie heiß er ist!“

Da musste ich kichern, obwohl mein Daumen ziemlich wehtat.

Spät am Abend trug ich das Papiermesser hinauf ins Adoptivzimmer.

Es konnte den Ranken nichts anhaben – aber das hatte ich eigentlich auch nicht erwartet. Denn jetzt war mir klar, wo ich das richtige Messer suchen musste.

Jetzt, wo ich wusste, dass Papiermesser scharf und gefährlich waren und überhaupt kein bisschen das Gleiche wie Brieföffner.

„Gleich morgen, sobald Ines fort ist, gehe ich in das Bild und fliege zum Palast zurück“, versicherte ich Arnim. „Heute ist es schon zu dunkel. Aber morgen, morgen werde ich die Glasplatte in dem Hof hochheben und das kleine Messer holen, dessen Scheide ein silberner Pferdekopf ist. Und dann brauchst du dir über nichts mehr Sorgen zu machen.“

9. Kapitel,

in welchem ich in einem Käfig sitze und keinen Schlüssel habe

Am nächsten Morgen erwartete Arnim mich schon.

Ich hielt beide Daumen hoch zum Zeichen, dass alles klappen würde, und berührte das Bild, auf dem ein kleiner weißer Vogel mit violetten Tupfen von einem riesigen Baum fortflog.

Der Himmel war so blau, wie er nur sein konnte, und die Ebene unter mir lag grün im Sonnenschein. Es hätte ein Foto aus einer Sparkassenreklame sein können, wäre ich mir nicht so sicher dessen gewesen, was dahinter lag.

Ein paarmal sah ich weit, weit in der Ferne einen Schwarm anderer Vögel vorüberziehen – winzige Pünktchen am Horizont. Aber ich begegnete keinem von ihnen.

Ich wünschte, ich wäre. Dann hätte ich mich sicherer gefühlt. Ich war so allein in all dem Blau des Himmels, dass ich beinahe glaubte, darin ertrinken zu müssen.

Dann sah ich den Palast.

Er strahlte und blitzte genau wie beim ersten Mal, und ein Schauer lief mir den Rücken hinab.

Denn jetzt wusste ich, was da das Licht der Sonne spiegelte: Es waren tausende und abertausende von

Blütenblättern, schwarzen und weißen, die der Namenlose von all seinen Gefängnissen zusammengeraubt hatte.

Die Pflanze an Arnims Gefängnis jedoch, die würde nicht mehr lange stehen. Und dann hatte es ein Ende mit dem Geräubere und dem Geraffe von Blättern aus Sehnsucht und Trauer. Dann hatte es ein Ende mit dem ständigen Wachstum des Palastes. Dann hatte es ein Ende mit dem Triumph dieses habgierigen, unbegreiflichen Geschöpfes in seinem weißen Pelz und seinem schwarzen Federkleid.

Die Bäume des Palastgartens tauchten unter mir auf und ich flog tiefer.

Von hier oben konnte man die Käfige der Vögel nicht sehen, wenn man nicht genau wusste, wo man zu suchen hatte. Hier und da blitzten die blank polierten Gitterstäbe durch das dunkle Laub herauf, und ich konnte den Wunsch nach Freiheit spüren, den all diese Herzen gemeinsam hegten – ich spürte ihn wie einen Sog.

Die Bäume rauschten, obgleich kein Windhauch die Luft bewegte. Als ich dicht über ihre Kronen hinwegstrich, vernahm ich in dem Rauschen die gleiche Melodie, die das Lied der Vögel gehabt hatte:

„Den Ort, den du anstrebst, solltest du meiden,
du willst ganz allein
deinen Bruder befrein?
Sag, bist du entschlossen? Sag, soll es so sein?“, rauschten die Bäume.

„Es soll so sein“, flüsterte ich ihnen zu.

Dann flatterte ich auf das schwarz-weiße Glitzern der Palastmauern zu, und bald musste ich aufsteigen, um sie zu überqueren. Ich glitt über gleißende Dachfirste hinweg, umrundete Türme und Mauervorsprünge, schraubte mich höher und höher in die Luft empor – und schließlich lag der Palast des Namenlosen unter mir wie ein aufgeklapptes Buch oder wie ein aufgeschnittenes Tier, und ich konnte in sein Herz hineinsehen.

Dieses Herz machte mich zittern.

So gleichmäßig und geordnet die Mauern auch von Nahem erschienen, von hier aus waren sie nichts als ein beunruhigender Wirrwarr aus verschlungenen Höhen und Tiefen, ein Gebilde, das einem den Verstand raubte und einen schwindeln ließ.

Treppen führten ins Nichts, Säulen standen scheinbar sinnlos, Brücken endeten mitten in der Luft.

Und zwischen alldem lagen tief und dunkel die Höfe. Sie wirkten wie lichtlose Augen, wie bodenlose Krater, wie Narben.

In einen dieser Höfe musste ich hinab, um das Messer zu holen.

Die Angst packte und schüttelte mich, und ich konnte mich kaum in der Luft halten.

„Was hast du nur, Achim!“, schimpfte ich leise mit mir selbst. „Es ist nichts weiter als ein Bauwerk, das da unten! Wie kannst du dich vor einem Bauwerk fürchten?“

Aber was für ein Bauwerk, dachte ich. Allmählich begann ich zu ahnen, weshalb es mir solche Angst einjagte. Ja, die Trauer und die Sehnsucht der Menschen waren hier versammelt – und das Gebilde, das daraus entstanden war, ähnelte unserer Seele mit ihren vielen unbegreiflichen, verschlungenen, verknoteten Gefühlen allzu sehr.

Ich blickte mich um: Der riesige schwarze Adler war nirgendwo zu sehen. Zumindest nicht für mich. Er konnte hinter jedem Vorsprung hocken und lauern, in jedem Schatten, unter jedem überhängenden Dach.

Ich zwang meine Schwingen, mich tiefer hinabzutragen. Eines nach dem anderen suchte ich die dunklen Vierecke der Höfe ab, bis ich schließlich das Messer entdeckte.

Es blitzte von dort unten herauf wie vom Grunde eines Sees.

Ich flog eine Schleife über dem Hof und ließ mich langsam immer weiter in die Tiefe sacken. Dort lag es in seinem Schacht unter der Glasplatte, und es war, als blickte es mir entgegen.

Die letzte Schleife, die ich zog, war so nahe über dem Boden, dass ich die Form des Pferdekopfes erkennen konnte, der die Scheide des Papiermessers darstellte.

Doch noch etwas erkannte ich, etwas, das mir beim letzten Mal nicht aufgefallen war: An der Seite der dicken, gläsernen Platte befand sich ein kleines, metallenes Schloss.

Dann höre: Es gibt einen Schlüssel zu finden
nur dann gelingt es, das Band zu entwinden ...

Der Schlüssel! Den hatte ich vergessen.

Mein weiß befiederter Bauch berührte beinahe die Fliesen des Hofes, als ich mit den Flügeln schlug, um wieder aufzusteigen. Noch war ich nicht so weit.

Jetzt wusste ich zwar den Weg zum richtigen Hof, doch ehe ich zurückkam, musste ich erst den Schlüssel finden.

Doch wo sollte ich nach ihm suchen? Immer, wenn ich glaubte, am Ziel zu sein, stellten sich mir neue Hindernisse in den Weg. Es war zum Verzweifeln.

Ich wollte den Innenhof gerade verlassen, da verdunkelte sich mit einem Mal der Tag.

Schon vorher war es kühl und schattig hier gewesen, jetzt jedoch pfiff plötzlich ein eisiger Wind zwischen den hohen Mauern, und der Himmel über mir bezog sich mit einer unerwarteten Wolkendecke. Ich hob meinen Blick und sah, dass die Sonne verschwunden war.

Die Luft war von einer Sekunde auf die andere so schwer geworden wie Blei, kaum konnte ich mit meinen Flügeln dagegen ankämpfen.

In der Ferne hörte ich leises Donnergrollen, und irgendwo zuckte ein Blitz über den Himmel.

Ich erreichte die obere Kante der Mauern um den Hof und dachte an den Nussvogel. Auch er hatte von Blitz und Donner berichtet, als er von jener Nacht sprach, in der der Namenlose seine Flügel zerfetzt hatte …

Gab es hier so etwas wie ein normales Gewitter?

Ziellos torkelte ich im aufkommenden Sturm über den verworrenen Eingeweiden des Palastes umher –

bis ich *ihn* sah. Mitten im Chaos saß er auf der Spitze des höchsten Turmes und reckte den schwarzfiedrigen Hals in den Wind.

Der Namenlose. Ich sah seine kalten gelben Augen in der Dunkelheit leuchten. Sie blickten mich an.

Er würde auch meine Flügel zerfetzen, diesmal endgültig, denn hier war kein Nussvogel, der mir helfen konnte. Ich hatte nichts weiter als meine kleinen Krallen und meinen stumpfen Schnabel, um mich zu verteidigen.

Nein, dies war kein gewöhnliches Unwetter – er hatte es heraufbeschworen; er brüllte mit dem Donner; er steuerte die Blitze.

Der Sturm, den er lenkte, trieb mich auf ihn zu wie ein hilfloses Herbstblatt.

Und ehe ich noch überlegen konnte, was ich tun sollte, fuhr ein Blitz aus dem Himmel, greller und zackiger, als ich je zuvor einen gesehen hatte, und traf mich.

Aus dem Augenwinkel sah ich ein Stück weit weg noch zwei andere Vögel gegen das Gewitter kämpfen, einen grünen und einen gelben. Doch vielleicht war das auch Einbildung. Im nächsten Moment verließ mich die Welt.

„Nussvogel?“, murmelte ich, als ich langsam wieder zu mir kam. „Bist du da? Hast du mich wieder aus dem Himmel gepflückt?“

Denn offenbar war ich ganz und meine Flügel fühlten sich nicht an, als hätte sich jemand eingehender damit beschäftigt, sie zu zerfetzen.

Ich lag auf etwas Hartem – kein Stroh. Aber vielleicht hatte der Nussvogel das Stroh in seiner Nuss für etwas anderes gebraucht.

Ich öffnete die Augen.

Nein, ich befand mich in keiner Nuss. Um mich herrschte Dämmerlicht, doch das kam daher, dass es Abend war. Ich sah in die Äste eines Baumes mit Blättern von einem sehr dunklen Grün, und irgendwo in der Ferne schlängelte sich etwas Weißes darunter entlang.

Es gab auch Blüten zwischen den Blättern, Blüten von einer so zerbrechlichen Schönheit, dass mir die Tränen in die Augen traten.

Dabei können Vögel gar nicht weinen.

So schluckte ich und schluckte, und die Trauer, die nicht aus mir hinauskonnte, sammelte sich in mir an wie ein tiefer, verborgener See.

Da wusste ich, wo ich war.

Und im selben Moment sah ich die Gitterstäbe.

Silberne Gitterstäbe. Sie trennten mich von der Dämmerung draußen, von den Blüten und Blättern und auch von der weißen Schlange.

Die Schlange aber war ein Kiesweg, und die Blüten und Blätter wuchsen an den Bäumen des Palastgartens.

Ich saß in einem der Käfige, die in ihren Ästen hingen.

Warum hatte mich der Namenlose nicht getötet?

„Deshalb“, flüsterten die Käfigstäbe. „Weil du hier sicher aufgehoben bist. Und weil du hier unendlich mehr leiden wirst.“

„Die Sehnsucht wird kommen“, raunten die Bäume. „Sie wird kommen und ganz Besitz von dir ergreifen. Auf dem Eingangstor zum Palast ist nun ein kleiner, hilfloser Vogel mehr in das Silber geritzt. Aber wem fällt das schon auf."

„Dem Nächsten!", flüsterte ich verzweifelt in den Abend hinaus. „Dem Nächsten, der kommen wird! Er wird sehen, dass ich hier sitze und auf ihn warte! Er wird mich befreien!"

„Aber nein", wisperten die Blätter. „Er wird hier landen, genau wie du."

Ein schrecklicher Gedanke kam mir. Waren noch mehr der Vögel in den Käfigen Menschen wie ich? Menschen, die sich freiwillig verwandelt hatten, um den Namenlosen zu besiegen? Was war in der anderen Welt, der Welt der Lebenden, mit ihnen geschehen? In der Zeitung gab es immer wieder Berichte über Leute, die verschwanden. Warteten sie hier, in den Käfigen des Palastgartens, versteckt unter buntem Gefieder, neben den anderen, die nach ihrem Tod zu Vögeln geworden waren? Und würde auch ich einfach verschwunden bleiben?

Die Dämmerung ging, während ich grübelte, und die Nacht kam. Eine Nacht voller Geräusche. Manche Vögel seufzten im Schlaf. Unter den Bäumen wanderte unsichtbares Nachtgetier umher, und einmal sah ich den Schemen einer großen Ratte über den weißen Kies huschen.

Ich kauerte mich auf dem Boden des Käfigs zusammen und lauschte in die fremde, seltsame Düsternis.

„He!", flüsterte ich. „He! Kann mich einer von euch hören? Gibt es hier solche wie mich, die auf der Erde noch leben? Und könnt ihr mir helfen?"

Ich erhielt lange keine Antwort, doch dann meldete sich ein zaghaftes Stimmchen aus den Ästen neben mir.

„Warum schläfst du nicht?“, wisperte das Stimmchen.

„Was nützt es, zu schlafen?“, fragte ich.

„Es lindert die Verzweiflung“, antwortete das Stimmchen.

„Der Schlüssel“, flüsterte ich. „Das Lied singt von einem Schlüssel. Weißt du, wo ich ihn finden kann?“

Der kleine Vogel seufzte tief.

„Es gibt eine zweite Strophe zu dem Lied“, antwortete er leise, und noch leiser begann er zu singen:

„Den Ort des Schlüssels kann niemand entdecken,
der mit List auf der Suche ist.
Du findest ihn erst, wenn du ihn vergisst.
Denn höre: Tausend und tausend Meilen
musst du durch Tage und Nächte eilen
um aller Gedanken Ecken
und weiter, als Träume sich strecken.“

„Weiter, als Träume sich strecken?“, fragte ich. „Wie soll ich es jemals schaffen, dorthin zu gelangen?“

Mit einem Mal erschien mir alles vollkommen aussichtslos. Selbst wenn es mir auf irgendeine Weise gelänge, aus dem Käfig zu entkommen, ich würde den Schlüssel doch niemals finden.

Durch den Schleier der Verzweiflung drang das Geräusch von Flügelschlagen zu mir. Ein Vogel war aufgeflogen, ganz nahe, und strich nun beinahe lautlos davon.

Ich stutzte. „Was tut ein freies Geschöpf hier im Palastgarten?“, fragte ich den kleinen Vogel neben mir.

Doch ich erhielt keine Antwort. Selbst das leise Rascheln des Gefieders meines Nachbarn war fort.

Da begriff ich.

Er war der Vogel gewesen, dessen Flügelschlag nun in der Ferne verklang.

Er hatte nie in einem Käfig gesessen. Er war hierhergekommen, um mir die zweite Strophe des Liedes zu singen.

Weshalb aber hatte er so viel für mich riskiert? Wer war er?

„Hallo!“, sagte Arnim und schnipste mit den Fingern vor meinem Gesicht. „Hallo? Hörst du mich? Was ist los? Worüber denkst du nach?“

Verwirrt schüttelte ich den Kopf.

„Ich bin ja – hier“, stellte ich fest.

„Sieht so aus“, sagte Arnim und lachte ein wenig. „Was ist geschehen?“

„Oh, Arnim!“, rief ich, ließ mich erschöpft auf das harte Eisenbett fallen und vergrub den Kopf in den Händen. „Es ist fürchterlich. Er hat mich erwischt. Er hat mich in einen kleinen silbernen Käfig gesteckt, und ich weiß nicht, wie ich jemals wieder herauskommen soll!“ Ich erzählte ihm von dem Blitz und der zweiten Strophe des Liedes und überhaupt von allem.

Arnim setzte sich neben mich und fuhr mir mit seinen kalten Fingern durchs Haar.

„Sei nicht so verzweifelt, Achim“, sagte er tröstend. „Es wird schon alles gut. Wir finden eine Lösung. Bestimmt.“

Komisch, dachte ich. Jetzt ist es plötzlich Arnim, der mich tröstet. Sollte es nicht umgekehrt sein?

„Geh jetzt zurück zu Ines und Paul“, flüsterte Arnim. „Schließlich brauche nicht nur ich dich, um auf weite Reisen zu gehen und gegen Löwen und Adler zu kämpfen. Sie brauchen dich genauso.“

Was für eine seltsame Bemerkung, dachte ich, als ich die Treppe hinunterrannte.

Auf einmal konnte ich nicht schnell genug in der Küche sein, die Wärme spüren, den Duft von ein-kleines-bisschen-verbrannten Kartoffelpuffern aufsaugen ...

„Du bist anscheinend wieder pudelgesund“, stellte Paul fest und grinste von einem Ohr zum anderen und zurück. „Du kommst zu spät zum Essen. Wenn das nicht ein gutes Zeichen ist!“

„Ja“, stimmte ich zu. „Das ist es.“

Und ich schob ihm meinen Teller hin und lächelte Ines an und fühlte mich kein bisschen schuldbewusst, weil Paul das gesagt hatte.

„Sie brauchen dich genauso“, flüsterte Arnims Stimme in meinem Kopf.

Ich sah sie mir an, wie sie da saßen und redeten und lachten.

Bevor ich die Küche betreten hatte, war es dort stiller gewesen.

Brauchten sie mich am Ende wirklich?

10. Kapitel,

in welchem ich nachts
auf einem Baum spazieren gehe
und ein Blumengesteck bastle

Ich dachte, ich würde nie einschlafen, so sehr grübelte ich an diesem Abend über die zweite Strophe des Liedes nach, die der kleine Vogel für mich gesungen hatte.

Tausend und tausend Meilen sollte ich gehen – aber in welche Richtung? Und wie sollte ich je so weit kommen?

Ich drückte den alten Stoffhund Lukas an mich.

„Lukas", flüsterte ich. „Weißt du, was das Schlimmste ist? Es nützt gar nichts, darüber nachzudenken.

Den Ort des Schlüssels kann niemand entdecken,
der mit List auf der Suche ist.

Was soll ich nur tun?"

Irgendwann muss ich doch eingeschlafen sein, denn plötzlich träumte ich. Im Traum stieg ich eine Treppe hinab. Ihre Stufen waren abwechselnd schwarz und weiß. Ich hatte noch immer Lukas im Arm. Zunächst schienen die Stufen der Treppe durchs Nichts zu führen, doch dann zog das Nichts auseinander und war Nebel gewesen.

Und da sah ich, dass ich mich mitten in den Eingeweiden des Palastes befand.

Wie verwirrend, dachte ich. In Wirklichkeit sitze ich als Vogel in einem silbernen Käfig im Garten dieses Palastes, gleichzeitig liege ich in der Welt von Paul und Ines und allen anderen Leuten im Bett, wo ich wiederum träume, ich wäre in der Welt des Namenlosen auf einer Treppe unterwegs.

Die Treppe änderte ihre Richtung und führte nun empor, wand und schlängelte sich. Sie musste irgendwo über den Dächern der vielen geraden Gänge liegen.

Vielleicht konnte ich in diesem Traum den Schlüssel zu dem Käfig finden, in dem ich außerhalb des Traumes saß?

Die Treppe und ich umrundeten mehrere Türme, und schließlich sah ich zu meinem Erstaunen hinter einem von ihnen den Innenhof liegen, in dessen Mitte das Messer unter seiner Glasplatte wartete.

Und wie ich so dastand und hinab in den Hof blickte, fiel mir etwas auf. In einer der vier Wände, viele Meter über dem Boden des Hofes, gab es ein Loch.

Es stellte den Einschlupf zu einer Art Gang dar. Und der Mond meines Traumes beleuchtete seinen Anfang.

Wo kam der Gang heraus? Innen, in einem der Korridore mit den unzähligen Fotografien? Oder jenseits der Mauer, auf der anderen Seite des Schlosses im Freien?

„Lukas“, wisperte ich, „Lukas, wenn der Gang ins Freie führt! Wenn er eine Verbindung ist – zwischen draußen und drinnen! Dann könnte ich von draußen durch den Gang in den Innenhof hineinfliegen, ohne den Palast zu überqueren! Dann würde mich der Namenlose vielleicht gar nicht bemerken!“

Die Treppe führte noch ein Stückchen näher an den Hof heran, wurde steiler – und endlich hörte sie vor einem Dachfirst ganz auf.

Dieser Dachfirst führte genau auf den Innenhof zu. Wollte ich mir den Einschlupf näher ansehen, so würde ich über den First dorthin laufen müssen.

„Na gut“, sagte ich zu Lukas. Ich klemmte ihn fest unter meine Achsel und stieg mit ausgebreiteten Armen auf das schwarz-weiß geflieste Dach.

Es war nicht so schwierig, wie ich es mir vorgestellt hatte. Man musste nur Fuß vor Fuß setzen und an nichts anderes denken – nicht an die Tiefe und nicht an das Ziel –, schon gingen die Füße wie von alleine vorwärts. In einem Traum geht so etwas.

„Seiltänzer“, flüsterte ich, „Seiltänzer machen es genauso, Lukas. Gleich wissen wir, ob der Gang tatsächlich ...“

In diesem Moment rief jemand: „Achim!“, und der ganze Palast mit seinen Mauern und Zinnen bekam einen Riss. Ich ruderte mit den Armen, um nicht zu fallen ...

Und machte den Fehler, hinunterzusehen.

Unten wuchs nacht-feuchtes Gras und ich sah ausgestreckte Arme.

Dann fiel ich.

Ich fiel weich. Auf jemand anderen nämlich.

„Achim!“, keuchte die Stimme erneut, und jetzt erkannte ich, dass sie Paul gehörte.

„Achim, bist du wach? Kannst du mich hören?"

Ein Gewirr aus Armen und Beinen und nassem Gras umgab mich, ein Stück Frotteestoff nahm mir für einen Moment den Atem, doch endlich schaffte ich es, mich zu befreien, und blieb schwer atmend eine Weile liegen.

Ich spürte die Nässe des Taus durch meinen Schlafanzug dringen.

Die Bilder und Gedanken in meinem Kopf brauchten eine Zeit lang, bis sie aus ihrem irrwitzigen Tanz zur Ruhe kamen.

„Paul", sagte ich schließlich.

„Ja“, sagte Paul.

Wir saßen nebeneinander im Gras unter einem Apfelbaum. Neben uns hing die Schaukel in die Nacht hinein. Sie schwang ein wenig hin und her; der Ast, an dem sie befestigt war, schwang ebenfalls.

Paul zeigte nach oben. „Was tust du hier – um diese Zeit?“, fragte er. Auch er steckte in einem Schlafanzug. Das war der Frotteestoff gewesen, mit dem ich gerungen hatte.

„Wo hier?“, fragte ich leer. Ich habe geträumt, wollte ich sagen. Aber ich hätte nicht erklären können, von was ich geträumt hatte, und so sagte ich gar nichts.

„Du bist auf dem Ast da oben entlangbalanciert“, erklärte Paul. „Ich habe dich zufällig aus dem Flurfenster gesehen, als ich auf die Toilette ging. Warum hast du das gemacht?“

Er klang überhaupt nicht ärgerlich, sondern einfach nur maßlos verwundert.

Ich zuckte mit den Schultern. „Hm“, machte ich.

„Hast du dir wehgetan?“, fragte er.

Ich fühlte nach. „Ein bisschen.“

„Ich hatte Angst, dass du hinunterfällst …“, meinte er, „und am Ende bist du gefallen, weil ich deinen Namen gerufen habe. Das war vielleicht keine so gute Idee von mir.“

„Hm.“

Er half mir auf. Irgendwo zirpte eine Grille, die noch nicht gemerkt hatte, dass der Sommer fast vorbei war.

Ein großer Vogel stieg aus einem nahen Obstbaum auf und flog mit schweren Flügelschlägen davon.

„Eine Eule“, sagte Paul, und ich atmete auf. „Passiert dir das häufiger?“, fragte er dann. „Dass du nachts herumläufst, ohne es zu merken?“

„Ich – ich glaube nicht“, antwortete ich leise. Wie sollte ich es denn wissen, wenn ich es nicht merkte? War es etwas Schlimmes, nachts herumzulaufen? Würden sie mich jetzt doch noch zurückgeben?

„Als ich klein war, hatte ich eine Freundin, die ging immer nachts auf dem Dachfirst spazieren“, sagte Paul. „Wenn Vollmond war. Eine gefährliche Angewohnheit ...“

Ich blickte in die Äste des Apfelbaumes empor, zwischen denen die Sterne hingen. Genauso hatten die Sterne auch durch die Äste des Baumes im Palastgarten ausgesehen.

„Und – sie war trotzdem deine Freundin?“, fragte ich nach einer Weile.

„Natürlich“, nickte Paul, „ich hatte nur immer Angst, dass sie hinunterfallen könnte. In den Vollmondnächten tat ich kaum ein Auge zu.“ Er lachte. „Aber sie fiel nicht. Nie.“

Er nahm meine Hand. „Gehen wir wieder hinein“, sagte er. „Versuchen wir, noch ein wenig zu schlafen.“

Als ich wieder im Bett lag, dachte ich an den Schlüssel und ob ich ihm wohl auf der Spur gewesen war, im Traum, dort, auf der schwarz-weißen Treppe.

Dann fiel mir die letzte Strophe des Liedes wieder ein.

Und weiter, als Träume sich strecken.

Am nächsten Morgen frühstückte Paul mit Ines und mir, denn er hatte verschlafen.

Er brummte ein bisschen vor sich hin und sah müde aus, aber er verlor kein Wort über meine nächtliche Wanderung.

Ines lachte über sein zerknittertes Gesicht. „Was ist bloß los mit dir?", fragte sie und schmierte ihm ein Marmeladenbrot. „Du siehst aus, als wärst du heute Nacht auf einen Berg gestiegen, anstatt zu schlafen."

„Baum", murmelte Paul. „Es war ein Baum."

Ich wusste, was er meinte, aber Ines schüttelte nur den Kopf.

Nachdem Paul sehr viel Kaffee getrunken hatte und losgegangen war, saßen Ines und ich noch eine Weile so da und sahen hinaus in den Sonnenschein. Unsere Gedanken hingen über dem Tisch wie eine ruhige Wolke. Ich dachte daran, wie Ines anfangs immer geglaubt hatte, sie müsste die ganze Zeit mit mir reden. Jetzt war alles besser.

„Wie wäre es, wenn du heute zur Abwechslung einmal mit in den Blumenladen kämst?", fragte Ines schließlich. „Nur für den Vormittag."

„Oh – hm", sagte ich erstaunt. Etwas in mir verlangte, ich sollte schnell einen Vorwand erfinden, damit ich hinauf ins Adoptivzimmer gehen und durch das Bild hindurch und in den Käfig zurückkehren konnte, in dem ich ja die ganze Zeit über eigentlich saß. Ich musste endlich herausfinden, wie ich mich daraus befreien konnte. Ich brauchte jede Minute … Aber etwas anderes drängte mich, Ja zu sagen.

„Ich denke darüber nach“, sagte ich. Und da ich im Garten immer besser denken konnte, schnappte ich mir die Schüssel mit den Kartoffelschalen und fügte hinzu: „Solange bringe ich das hier mal eben auf den Kompost.“

„Vergiss nicht, zurückzukommen und mir zu sagen, ob du mitwillst!“, rief Ines mir nach.

Ich nickte und winkte. Was dachte sie denn? Der Komposthaufen befand sich schließlich nur am anderen Ende des Gartens und nicht am anderen Ende der Welt.

Hinten beim Kompost jedoch stand jemand am Zaun.

Ich kippte meine Schüssel aus und tat, als würde ich nicht sehen, wer dort stand, aber irgendwann musste ich doch aufsehen.

„Naa?“, sagte Tom.

Er lehnte sich weit in den Garten hinein und kaute gemächlich Kaugummi, während er mich musterte. Ab und zu machte er eine große rosa Blase, die er mit einem *Plopp* zerplatzen ließ.

„Was ist?“, fragte ich und hielt die große Schüssel vor meinem Bauch fest wie einen Schild. „Was willst du hier?“

Er zuckte mit den Achseln und blickte hinter sich auf die Wiese.

„Nichts los bei uns drüben“, meinte er. „Wollte mal gucken kommen. Sag mal – ist es nicht eher die Frage, was *du* hier willst?”

„Ich?“

„Klar du, Schlaumeier. Du bist doch hergekommen. Ich war schon immer hier. Und weißt du was?“

Er blies eine besonders große Blase. Ich trat unbehaglich von einem Fuß auf den anderen.

„Meine Mutter hat aus dem Fenster gesehen, wie du letzte Nacht im Garten herumgewandert bist. Sie sagt, du bist sogar auf einen Baum geklettert! Mitten in der Nacht! Bist du irgendwie nicht ganz normal oder so?“

„Und weshalb ist *deine* Mutter mitten in der Nacht wach?“, fragte ich zurück. Ich spürte, wie die Luft dünner wurde, doch ich zwang mich, so zu tun, als merkte ich es nicht. Vielleicht konnte ich die Luft damit irgendwie austricksen.

„Ist es etwa verboten, nachts nicht schlafen zu können?“, erwiderte Tom ärgerlich.

„Ist es etwa verboten“, sagte ich, „nachts auf Bäume zu klettern?“

Die Luft wurde wieder mehr. Ich atmete tief durch.

Dann drehte ich mich um und ging zurück zum Haus.

„Meine Mutter sagt, du hast gar keine Mutter!“, rief Tom mir nach.

„Dafür gehe ich jetzt mit Ines zusammen zur Arbeit“, murmelte ich – aber das konnte er leider nicht mehr hören.

„Fein“, sagte Ines, „dann zieh mal deine Schuhe an.“

Sie sah mir dabei zu, wie ich die Schnürsenkel band und die Jacke überstreifte, und schließlich sagte sie nachdenklich: „Demnächst müssen wir beide mal in die Stadt. Einen Marathonbummel machen."

„Einen was?", fragte ich verwirrt.

„Geschäfte abklappern. Komm jetzt!"

„Was brauchst du denn?", fragte ich, während ich ihr nachlief. Wir stiegen in das große Auto ein – Pauls Schule war nur fahrradweit entfernt.

„Ich nicht", sagte Ines und überfuhr in der Garage versehentlich ein altes Gartenstuhlkissen, als sie auf die Straße zurücksetzte. „Ich nicht. Du."

„Ich?"

„Die Sohlen von deinen Schuhen", meinte Ines, „gehen demnächst ohne dich spazieren. Und deine Jacke – sie ist wirklich schön, aber für den Wind hier völlig ungeeignet. Und überhaupt. Du musst ein paar warme Sachen für den Winter kriegen. Bei euch war das Wetter ja komplett anders."

„Hm", sagte ich.

Aber innen drin war mir ganz komisch. Ines wollte tatsächlich für mich einkaufen. Eine Jacke. Schuhe. Sachen für den Winter ... Hieß das, ich würde bleiben? Nein, sagte ich im Stillen zu mir, das hieß noch gar nichts. Man darf sich nicht über etwas freuen, was nicht sicher ist. Sonst ist man traurig, wenn es anders kommt.

„Noch ist der Winter ja nicht da", murmelte ich deswegen.

Sie sah mich von der Seite an.

„Aber er kommt", sagte sie.

Ines' Blumenladen gehörte gar nicht Ines. Er gehörte einer großen, dicken Frau, die sehr viel lächelte und uns selbst gebackenen Kuchen schenkte. Danach ging sie nach Hause, denn jetzt waren ja Ines und ich da.

Hinter dem eigentlichen Laden, in dem eine unheimliche Menge Blumen an langen Stielen aus großen Vasen ragten, gab es noch einen zweiten Raum. Dort stand ein ausladender Tisch in der Mitte, und an den Wänden hingen Scheren und Rollen mit Draht und buntem Papier. Auf dem Tisch lagen unordentliche Haufen von vertrockneten Pflanzen herum, aber Ines meinte, das wären Gestecke. Wenn sie meinte.

„Ich mache die Gestecke fertig", sagte sie zu mir, „und du passt vorne im Laden auf, ob jemand kommt. Wenn einer etwas möchte, rufst du mich, o. k.?"

„O. k.", antwortete ich.

Dabei hatte ich gar keine Ahnung, was ich sagen sollte, wenn jemand käme.

Ich setzte mich auf den kleinen Stuhl hinter dem Kassentisch wie hinter eine schützende Mauer und ließ meinen Blick durch den Raum streunen.

Niemand kam.

Die weißen Rosen neben dem Eingang erinnerten mich an die weißen Blüten der Kletterpflanze, und die dunkel-violetten Sterne neben ihnen sahen beinahe aus wie die schwarzen Blüten ... Unwillkürlich duckte ich mich tiefer hinter den Tisch.

Im Hintergrund hörte ich Ines herumkramen. Wo Ines war, sagte ich mir, konnte es keine Löwen und keine Riesenadler geben. Ein Gefühl der Dankbarkeit durchströmte mich.

Ich beschloss, auch ein Gesteck zu machen – ein wirklich schönes, nicht so ein vertrocknetes braunes Ding.

In dem Tisch mit der Kasse darauf war eine Reihe von Schubladen. Dort fand ich eine Schere sowie ein Stück grünen Draht. Und dann ging ich auf die Suche. Ich fand die wunderbarsten Blumen, große gelbe Sonnen und kleine rote Ringelsocken-Blüten, Rosen in allen Farben und Lilien mit langen, zarten Blättern … Ihnen allen schnitt ich die Köpfe ab und nahm einen ganzen Arm voll mit an den Tisch.

Ich war so vertieft in meine Arbeit mit Draht und Blumen, dass ich alles um mich herum vergaß. Ich vergaß Arnim und das Adoptivzimmer, den Käfig mit den silbernen Stäben und das alte Lied, ich vergaß Tom und seine Schwester, meinen nächtlichen Ausflug auf den Apfelbaum und mein Asthma.

Es gab nur den Duft der Blüten, ihre leuchtenden Farben und das Drahtende, das immer wieder wegrutschte ... Kein Kunde kam, um mich zu stören.

Schließlich fehlte nur noch so etwas wie eine Schleife, und ich durchsuchte die Schubladen nach einem geeigneten Band.

Leider konnte ich keines finden, nur sehr viel Tesafilm und Packpapier und allen möglichen Krimskrams – die unterste Schublade wollte ich eigentlich schon gar nicht mehr öffnen, weil bestimmt nur noch mehr Krimskrams darin war.

Dann tat ich es aber doch, und da fiel mir das Armband in die Hand.

Es war ein winzig kleines Armband, ein Silberkettchen mit einem Anhänger daran. Ich hielt es hoch ans Licht, und eine Weile kniete ich reglos so auf dem Boden, die Hand erhoben und die Augen auf das kleine Ding geheftet.

Maria hatte uns einmal zu einer Taufe mitgenommen, Karl und mich und ein paar andere Kinder. Das Baby, das getauft wurde, war irgendwie verwandt mit ihr. Und jemand hatte ihm genau so ein Armband geschenkt.

Damals hatte ich mich gefragt, was das Baby denn

um alles in der Welt damit anfangen sollte. Eine Milchflasche oder ein Teddy wären ihm doch bestimmt lieber gewesen?

Ich ließ das Kettchen an meinem Zeigefinger hin und her baumeln.

Welchem Baby es wohl gehört hatte?

Wahrscheinlich stand es auf dem Anhänger. Ich sah ihn mir näher an und stutzte. Ich hatte eine kleine Silberplakette erwartet, ein Herz oder ein vierblättriges Glückskleeblatt.

Aber dieser Anhänger hatte eine andere Form. Das Geburtsdatum, das ich darauf las, lag elf Jahre zurück. Namen gab es keinen.

Die Form jedoch – die Form war die eines winzig kleinen Schlüssels.

„Achim“, sagte Ines. Ich sah auf. Sie stand in der Tür, doch sie blickte nicht mich an. Sie starrte auf den Tisch, wo noch immer das Gesteck lag, das ich für sie aus den Blumenköpfen gemacht hatte.

Und plötzlich erschrak ich.

Irgendetwas war nicht richtig, ich konnte es genau spüren.

„Was – was ist das?“, stammelte Ines.

„Ein Gesteck“, erklärte ich. „Ich – ich habe es extra für dich gemacht. Damit nicht alle immer nur braun und alt sind. Dieses hier ist ganz bunt ...“

Sie trat langsam näher. Ich sah vom Boden aus zu, wie sie das Gesteck aufhob und die Stirn runzelte. „Achim“, sagte sie, „Achim, das hättest du nicht tun sollen.“

„Was – was ist denn verkehrt damit?“, fragte ich. Meine Hand ballte sich um das Silberkettchen zu einer ängstlichen Faust. „Gefällt es dir nicht?“

Sie schüttelte den Kopf. Ihr Gesicht war ärgerlich. „Es ist wunderschön, nur – die Blumen, weißt du … Das sind alles solche, die man fast nur einzeln verkauft … Weil sie so groß und wertvoll sind. Du – du hast ihnen einfach die Köpfe abgeschnitten?“

In meinem Hals bildete sich ein großer, schwerer Stein. Jetzt war alles aus. Ich hatte es vermasselt. Aber wie hätte ich auch wissen sollen …?

Ich wartete darauf, dass die Luft dünner werden würde, doch sie wurde es nicht.

Stattdessen fühlte ich, wie etwas Nasses in mir hochstieg.

Es suchte sich einen Ausgang über meine Augen, und gleich darauf rann es meine Wangen hinab, ohne dass ich etwas dagegen tun konnte.

„Ich – ich habe es nur für dich gemacht …“, stotterte ich. „Ich wollte, dass du dich freust … Ich dachte – ich dachte, dieses könntest du ganz teuer verkaufen …“

Die Worte kamen ganz zerquetscht heraus, weil ich zwischendurch schniefen und schlucken musste, und die Tränen in meinen Augen machten die Welt ganz schleierig wie Haferschleim.

Dagegen gab es kein Spray.

Ich schämte mich furchtbar, weil ich doch eigentlich zu groß zum Weinen war, und trotzdem schluchzte ich weiter.

„Und ich wollte – ich wollte noch eine – Schleife – dazu finden ...“

Ich lehnte den Kopf an eine aufgezogene Schublade und gab es auf, gegen die Tränen anzukämpfen.

Da kniete sich Ines zu mir auf den Boden und nahm mich in den Arm – und als ich durch den Wasservorhang hindurch zu ihr aufsah, da war aller Ärger aus ihrem Gesicht verschwunden.

„Achim!“, sagte sie leise. „Achim, wein doch nicht so! Es ist ja gar nicht so schlimm.“

„Doch!“, schluchzte ich, „das ist es! Denn jetzt – jetzt werdet ihr mich zurückgeben und – und ...“

Und niemand wird Arnim helfen. Ich erinnerte mich im letzten Moment, dass ich das besser nicht laut aussprach. Sie hätte es nicht begriffen.

„So ein Unsinn!“, sagte Ines und strich mir eine feuchte Haarsträhne aus der Stirn.

„So ein Unsinn, Achim. Wir geben dich doch nicht wegen ein paar Blumen zurück! Wenn ich es mir so überlege ... im Grunde ist es bestimmt eine gute Idee. Die nächste reiche Dame, die vorbeikommt, muss das Ding eben bezahlen ...“

Sie lachte. „Pech für sie. Schön ist es auf jeden Fall.“

„Meinst du?“, flüsterte ich. Ich wollte die Tränen fortwischen, doch es kamen immer noch welche nach.

Es war, als sei ein Damm gebrochen – so lange hatte ich nicht mehr geweint, und nun, wo ich einmal dabei war, konnte ich überhaupt nicht mehr aufhören. Ich weinte nicht nur wegen der Blumen – ich weinte um Arnim und um die Vögel in ihren silbernen Käfigen, ich weinte um den zerbrochenen Teller unter meiner Matratze und weil Karl nicht hier sein konnte, weil Tom gesagt hatte, ich hätte keine Mutter, und weil Paul nachts aufgestanden war und weil der Nussvogel nie mehr in den Süden fliegen konnte ... Ich weinte und weinte, und Ines hielt mich in ihren warmen Armen und wiegte mich sanft hin und her wie ein kleines Kind.

Irgendwann jedoch versiegte auch der letzte Schluchzer, vermutlich war einfach kein Wassernachschub mehr in mir drin.

Ines lieh mir ihr Taschentuch.

Beim Naseputzen fiel etwas aus meiner Hand. Sie hob es auf und betrachtete es.

Es war das kleine silberne Armband.

Einen Augenblick lang fürchtete ich, sie könnte denken, dass ich es hatte stehlen wollen. Doch Ines betrachtete es nur gedankenverloren und sagte schließlich: „Hier war es also. Ich wusste gar nicht, dass ich es noch habe."

Sie sah mich an und lächelte. „Es hat Arnim gehört, weißt du. Er hat es bekommen, als er noch ganz winzig war."

„Es – es ist schön", brachte ich hervor und zog die Nase hoch.

Ines betrachtete mich eine Weile, wie ich so dasaß mit dem großen Taschentuch und meiner Schniefnase und meinem verschwollenen Gesicht. Dann nahm sie meine Hand und legte das zierliche silberne Kettchen hinein.

„Vielleicht kannst du es irgendwann einmal gebrauchen“, sagte sie. Und ehe ich noch etwas erwidern konnte, tat sie etwas, das sie noch nie getan hatte: Sie gab mir einen Kuss auf die Stirn.

Danach stand sie schnell auf und benahm sich so, als hätte sie auf einmal furchtbar viel zu tun, obwohl doch gar keine Kunden da waren.

In meiner Hand aber lag der Schlüssel – der winzige silberne Schlüssel.

Den Ort des Schlüssels kann niemand entdecken
der mit List auf der Suche ist ...

Nein, dachte ich und schloss meine Finger ganz fest um ihn.

Da hatte das alte Lied recht:

Du findest ihn erst, wenn du ihn vergisst.

11. Kapitel,

in welchem ich
ein Sofa lösche und
eine Menge Käfige öffne

Als es zwölf Uhr war, sagte Ines, dass sie mich jetzt nach Hause bringen würde.

Nach Hause ...

„Nicht weil ich nicht möchte, dass du hierbleibst“, erklärte sie und legte mein Blumenkopfgesteck in eine Schale mit Wasser. „Aber jetzt ist es Zeit für ein kleines Mittagessen, und Kinderarbeit nach dem Mittagessen hat garantiert irgendwer längst verboten.“

Vermutlich hatte sie Angst, ich würde noch mehr Gestecke basteln, aber ich nickte und stieg mit ihr ins Auto. Schließlich konnte es mir nur recht sein, dass wir zurückfuhren.

Draußen regnete es jetzt; dieses Wetter konnte sich wirklich nicht entscheiden. Das musste am Meer liegen. Da, wo ich bisher gewohnt hatte, war immer ein paar Tage lang das gleiche Wetter gewesen.

Hätte es nicht so geregnet, hätte Ines beim Mittagessen wahrscheinlich nicht diese Kerze im Wohnzimmer angezündet. Und dann wäre später alles anders gekommen.

„Du siehst aus, als würden dir jeden Moment die Augen zufallen“, sagte Ines nach dem Essen.

Ich nickte. „Ich glaube, ich gehe ein bisschen nach oben, schlafen“, gähnte ich.

Beim Gähnen brauchte ich mir überhaupt keine Mühe zu geben. Ich fühlte mich tatsächlich vollkommen erschöpft und ganz leer innen vom Weinen.

„Ja, tu das nur", meinte Ines. „Ich räume ein wenig die Küche auf und fahre anschließend zurück zu meinen Blumen."

Und sie lächelte mir aufmunternd zu. „Mach dir keine Sorgen mehr, Achim."

„Nein", sagte ich.

Aber natürlich machte ich mir Sorgen.

War der Schlüssel wirklich *der* Schlüssel? Und wenn er es war – würde alles gut gehen? Würde es mir gelingen, an dem Namenlosen vorbeizukommen und das Messer zu holen, ohne dass er es merkte?

Am liebsten hätte ich mich oben wirklich auf mein Bett gelegt, oder direkt auf den bunten Webteppich. Ich hätte auf der Stelle einschlafen können. Doch dazu war jetzt keine Zeit.

Noch ehe unten die Haustür zuschlug, schlüpfte ich durch die Tür mit dem silbernen Griff und streckte Arnim meine Faust entgegen.

Er blickte mich fragend an und ich öffnete die Faust.

Darin lag das kleine silberne Kettchen und blitzte und funkelte, obwohl im Adoptivzimmer nur Dämmerlicht herrschte.

„Der Schlüssel!", flüsterte Arnim. „Woher hast du ihn?"

„Erkennst du ihn nicht? Er gehört dir! Du hast ihn zur Taufe geschenkt bekommen!"

Arnim schüttelte den Kopf. „Geschenkt bekommen habe ich ihn vielleicht, aber mir gehören tut er schon lange nicht mehr. Nein, ich kann mich nicht an den Schlüssel erinnern. Sonst hätte ich dir längst davon erzählt."

Er fuhr behutsam mit dem Finger über das Silber. „Jetzt ist es deiner", flüsterte er. „Geh zurück und benutze ihn, Achim!"

Noch zwei steinerne Bilder hingen an der rauen Wand des Adoptivzimmers.

Eines zeigte einen kleinen weißen Vogel mit violetten Flecken in einem Käfig, das andere einen Vogel mit schwarz-weißem Gefieder, der über dem Hof mit der Glasplatte schwebte. Ich zeigte auf das zweite.

„Wo bin *ich* auf diesem Bild?", flüsterte ich.

Doch Arnim antwortete nicht darauf. „Es ist das andere Bild, aus dem du gekommen bist" war alles, was er sagte.

Eine weiße Feder kitzelte mich am Auge.

Ich war wieder ein Vogel. Zu meinen grünen Vogelfüßen auf dem Käfigboden lag das Kettchen mit dem winzigen Schlüssel daran.

Ich bückte mich danach und hob es mit dem Schnabel auf, doch nirgendwo am Käfig waren ein Schloss oder eine Tür zu sehen. Was sollte ich tun?

In diesem Moment trippelten auf dem Kiesweg unter mir zwei Vögel vorbei – ein gelber und ein grüner. Sie gingen dicht nebeneinander, wie um sich gegenseitig vor der Traurigkeit der Bäume zu schützen.

„Hallo!“, rief ich leise durch die Gitterstäbe zu ihnen hinunter. „Könnt ihr mir helfen? Ich weiß nicht, wo die Käfigtür sich befindet ...“

Die Vögel blieben stehen und pickten auf dem Weg herum, als hätten sie mich nicht gehört. Schließlich zwitscherte der grüne sehr leise: „Du sitzt darauf. Der Käfigboden ist die Tür.“ – Und er pickte schnell weiter, damit es so aussah, als hätte er niemals etwas zu mir gesagt. Aber ich hatte seine Stimme erkannt. Es war derselbe Vogel, der unter den Sternen die zweite Strophe des Liedes für mich gesungen hatte.

„Wie heißt du?“, flüsterte ich.

„Spinatgepäck“, tschilpte er, ohne aufzusehen. „Aber das ist nur ein Name, den Arnim mir gegeben hat. Wer ich bin, spielt keine Rolle.“

„Und dich kenne ich schon. Du bist die Gelbe-Erbse-von-Santourini“, sagte ich zu dem anderen Vogel. „Ihr habt mir auch das Fenster in der Halle des Löwen gezeigt. Warum helft ihr mir?“

„Du solltest nicht so viel fragen“, erwiderte die Gelbe-Erbse, eifrig ihr Gefieder putzend. „Und mach lieber, dass du hier wegkommst. Wir haben dir nie geholfen. Wir haben dich noch nie gesehen. Wir sind überhaupt nie im Palastgarten gewesen.“

Damit flogen die beiden auf – und eine Sekunde später waren sie verschwunden. Nur zwei Federn lagen auf dem strahlenden Weiß des Kiesweges, eine gelbe und eine grüne.

Ich aber beugte meinen Kopf und sah unter meinen Füßen nach. Und wirklich, dort fand ich ein winzig kleines silbernes Schloss. Ich steckte den winzig kleinen silbernen Schlüssel mit meinem Schnabel hinein und drehte ihn mühsam um. Ein verhaltenes Knirschen erklang. Dann fiel der Käfigboden herunter wie eine Dachbodenluke, und ich plumpste in die Luft. Beinahe hätte ich den Schnabel geöffnet und den Schlüssel fallen lassen, so sehr erschrak ich.

Ich konnte gerade noch die Flügel ausbreiten, ehe ich den Boden erreichte, und im nächsten Moment stieg ich aufgeregt flatternd über die Bäume des Gartens auf.

Ich musste den Anfang des Ganges finden, den ich im Traum gesehen hatte. Dann könnte ich einfach durch die Mauer des Palastes hindurchfliegen anstatt darüber hinweg, und vielleicht würde es mir so gelingen, den scharfen Augen des Namenlosen zu entrinnen.

Ich umrundete die schwarz-weißen Außenwände in einem weiten Bogen.

Immer wieder suchte ich den Himmel nach einem großen dunklen Schatten ab, doch da war keiner. Und auch unter den Bäumen im Garten lag kein weißes Raubtier auf der Lauer. War der Herrscher des Palastes auf Beutezug aus? Stahl er eben jetzt die steinernen Blüten von den Mauern seiner Gefängnisse?

Schließlich fand ich den dunklen Einschlupf hoch über der Erde am Nordende und tauchte in ihn hinein. Der Gang war zu niedrig, um zu fliegen, also landete ich. Was ich nicht bedacht hatte: Sobald meine Füße den Boden berührt hatten, verwandelte ich mich wieder in einen Menschen. Und jetzt wurde es erst eng in dem schwarzen Schacht! Auf allen vieren kroch ich voran.

Die Decke berührte dabei meinen Rücken, kalt und glatt, und ich kam mir tatsächlich vor wie in den Eingeweiden eines riesigen Tieres. Die Enge drohte, mich zu ersticken. Ich wusste: Wenn jetzt die Luft dünn würde, käme ich nicht einmal an mein Spray – doch ich musste weiter. Ich durfte mich einfach nicht aufregen.

Oh, wie leicht das gesagt ist! Wenn man in einer kalten schwarzen Röhre steckt und sich nicht einmal umzudrehen vermag und hinter einem jeden Moment das schreckliche Fauchen eines Löwen oder der furchterregende Schrei eines mächtigen Adlers ertönen kann! Eisige Schauer gingen auf meiner Wirbelsäule spazieren.

Es dauerte eine Ewigkeit, bis ich in der Ferne ein helles Rund sah, und eine weitere Ewigkeit, bis ich die Öffnung in der Wand des Hofes erreichte. Ich blieb eine Weile davor liegen, sah hinab und wartete, dass mein Herzschlag sich beruhigte.

Ich brauchte mich nur fallen zu lassen, und sobald ich in der Luft wäre, hätte ich meine Flügel wieder. Andersherum verwandelte ich mich unweigerlich wieder in einen Menschen, wenn ich den Boden unten im Hof berührte. Verflixt, dachte ich.

Wie würde ich es schaffen, abermals ein Vogel zu werden, wenn ich das Messer hatte? Hier gab es keine

Leiter und kein Fenster. Nichts, wovon ich hinunterspringen konnte. Ich würde auf meinen zwei Beinen durch das Labyrinth der Gänge zurückfinden müssen. Der Gedanke gefiel mir gar nicht.

„Arnim“, wisperte ich in den menschenleeren Hof hinab. „Ich hoffe, *er* sammelt gerade jetzt vor deinen Fenstern seine Blüten ein und du kannst ihn für ein Weilchen ablenken.“

Damit ließ ich mich aus dem Gang gleiten und fiel in die Tiefe.

Ich breitete meine Flügel aus und ...

Stand mitten im Adoptivzimmer.

„Was ist passiert? Warum bin ich hier?“

Doch Arnim schüttelte nur verwundert den Kopf. „Keine Ahnung. Vielleicht wirst du gebraucht?“

„Wo, im Haus? Sind die Ribbeks denn schon zurück?“ Ich sah mich um. Draußen war es noch hell. „Warte, ich gehe nachsehen.“

Als ich durch die Tür des Adoptivzimmers schlüpfte, sah ich aus dem Augenwinkel, wie ein großer schwarzer Schatten vor den vergitterten Fenstern kreiste. Ich hatte also recht gehabt – er war hier.

Er glaubte mich sicher in meinem silbernen Käfig. Aber wie lange noch?

Im Flur blieb ich stehen und lauschte. Im Haus war alles still.

Doch dann merkte ich, wie meine Nase zuckte. Was war das für ein komischer Geruch?

Schnuppernd schlich ich zur Treppe. Der Geruch kam eindeutig von unten.

Eigentlich kein schlechter Geruch.

Es duftete ein wenig nach Würstchen ... oder nach Backkartoffeln in Alufolie ... oder nach Lagerfeuer ... Lagerfeuer!

Ich raste die Stufen hinab, immer drei auf einmal nehmend, und stürzte ins Wohnzimmer. Denn von da kam der Lagerfeuerduft. Ich rannte mitten hinein in dicke schwarze Rauchschwaden. Und jetzt, wo mich der Rauch ganz umgab, roch er nicht mehr nach Würstchen oder nach Backkartoffeln, sondern nur noch nach Gefahr und verbranntem Stoff. Ich hustete und konnte überhaupt nichts sehen.

Die Kerze, dachte ich, Ines muss die Kerze vergessen haben.

Wo *war* die Kerze? Keuchend suchte ich den Weg zurück zur Tür. Hier konnte ich nichts ausrichten. Ich musste in die Küche. In der Küche gab es Wasser. Ein Eimer! Woher bekam ich einen Eimer?

Ich fand stattdessen einen großen Nudeltopf, den füllte ich bis zum Rand. Ich konnte ihn kaum tragen, aber irgendwie schaffte ich es doch, und dann goss ich das Wasser in einem Schwall dort hin, wo ich den Tisch mit der Kerze vermutete. Es zischte, doch der Rauch löste sich nicht auf. Ich brauchte mehr Wasser, viel mehr – Topf um Topf schleppte ich von der Küche ins Wohnzimmer, das Hemd klebte mir am Leib wie ein nasser Lappen vor Anstrengung, und einmal musste ich im Flur stehen bleiben und das Spray hervorholen – aber ich gab nicht auf.

Endlich, nach einer Unmenge von Wasser und Schweiß und Gehuste, begann der Qualm, sich zu lichten. Mitten darin stand das Sofa, und nun sah ich, dass die Steppdecke darauf die fetten schwarzen Schwaden ausgesandt hatte. Die Kerze musste umgefallen sein, genau auf das Sofa …

Ich öffnete das Fenster, ließ mich auf den überschwemmten Wohnzimmerteppich fallen und starrte eine Weile die verkohlten Reste der Decke an. Mein Puls hetzte das Blut durch meinen Körper wie ein aufgeregter Hund. Schließlich stand ich auf und holte mir einen Küchenhandschuh. Damit fasste ich ein Ende der Steppdecke an und zerrte sie durch die Verandatür nach draußen. Dort konnte sie ja von mir aus weiterstinken, wenn sie Lust dazu hatte.

Ich holte einen letzten Nudeltopf voll Wasser, begoss sorgfältig wie eine Blume die verbrannte Sofaecke, danach die schwelende Decke im Gras –

Und wie ich noch so dastand und schnaufte, rief jemand vom Zaun her meinen Namen.

„He!“, rief der Jemand. „Bei euch mieft es aber gewaltig! Bist du das, der so stinkt?“

Ich guckte zum Zaun.

Aber im Grunde brauchte ich das gar nicht. Ich wusste ohnehin, wer es war:

Auf der Wiese stand Tom, lehnte beide Ellenbogen auf die oberste Holzplanke und hielt sich die Nase zu.

Neben ihm sah seine Schwester Anna mit großen erschrockenen Augen zu mir und der verkohlten Decke hin.

„Du solltest dich öfter mal waschen!“, schrie Tom und kicherte. „Und wie siehst du eigentlich aus?“

Ich blickte an meinen Hosenbeinen hinunter, die verrußt und nass und schlammig waren. An dem großen Nudeltopf zu meinen Füßen blieb mein Blick hängen. Der Topf war noch immer halb voll Wasser.

Ich weiß auch nicht, wie es kam – wahrscheinlich war ich einfach noch so in Schwung von all dem Hin- und Hergerenne und der Aufregung.

Ganz ruhig hob ich den Nudeltopf hoch und ging damit zum Zaun. Tom starrte mich verblüfft an. Er war so verblüfft, dass er sich überhaupt nicht rührte. Ich hob den Topf hoch und leerte ihn ohne ein Wort über seinem Kopf aus.

Danach trat ich zufrieden einen Schritt zurück und sah zu, wie das Wasser in Toms Kragen lief, wie es sein helles Haar dunkler färbte und in kleinen Bächen von seinem triefenden Hemd über die Hose hinabrann in die Turnschuhe. Es war ein wirklich großer Topf.

Tom stand da und schnappte nach Luft. Er wollte wohl etwas sagen, aber zunächst machte er nur ein paarmal den Mund auf und zu, weil ihm nichts einfiel.

Das ließ ihn aussehen wie einen zu groß geratenen Fisch ohne Flossen.

„Du – du –", brachte er endlich hervor. „Das kannst du doch nicht machen!"

Ich zuckte mit den Schultern. „Kann ich nicht, nein?"

„Er ist ganz nass!", rief Anna.

Ihre schreckgeweiteten Augen waren noch größer geworden, aber nun lag Ärger darin.

„Er wird sich den Tod holen!", rief sie und streckte ihren Zeigefinger vorwurfsvoll nach mir aus. „Und dann bist *du* schuld!"

Ich klemmte mir den leeren Topf unter den Arm und schüttelte bloß den Kopf.

„Gar nichts wird er sich holen. Es ist Sommer. Nimm deinen Bruder nur schön mit nach Hause und sieh zu, dass er sich umzieht! Du bist ja wohl ein bisschen vernünftiger als er."

Das schien Anna zu gefallen, denn sie lächelte vorsichtig und zog Tom an seinem nassen Ärmel vom Zaun fort. „Das – das werde ich dir heimzahlen, du – du – Ruß-Vogelscheuche", knurrte er.

„Guck dich lieber selber an“, antwortete ich freundlich. „Und überhaupt, ich habe noch etwas anderes zu tun.“

Als ich mich an der Verandatür noch einmal umdrehte, sah ich, dass Anna sich auch noch einmal umgedreht hatte. Sie stand mitten auf der Wiese und winkte.

„Wie siehst du denn aus?“, wollte Arnim wissen, als ich wieder im Adoptivzimmer stand.

„Frag nicht! Ich habe ein Sofa gelöscht.“

„Ein Sofa?“

„Ja“, sagte ich und seufzte schwer. „Und weil ich so in Fahrt war, habe ich Tom gleich mitgelöscht.“

„Tatsache“, meinte Arnim.

Wir gingen zu dem letzten Bild hinüber, dem allerletzten, auf dem nicht ich, sondern nur der schwarzweiß gescheckte Vogel zu sehen war.

„Wenn ich jetzt gehe, wird entweder alles gut“, flüsterte ich, „oder es endet hier.“

Arnim nickte.

„Werden wir uns wiedersehen?“, fragte ich.

Arnim wiegte nachdenklich den Kopf. „Vielleicht ...“

Da legte ich meine warmen Arme um seinen kalten Körper, und so standen wir eine Weile ganz still, ehe wir uns losließen.

„Drück mir die Daumen!“, bat ich. Und dann berührte ich das Bild.

Nur wenige Sekunden später landete ich auf dem gefliesten Boden des Innenhofes neben der Glasplatte.

An ihrem Rand befand sich das gleiche winzige silberne Schloss wie im Käfig. Ich steckte den Schlüssel hinein und drehte ihn um.

Die Platte sprang auf wie eine Tür. Ja, und da lag das Messer, vor mir, in der Tiefe, und glänzte zu mir herauf.

Denn der Schacht reichte viel weiter hinunter, als ich gedacht hatte. Ich setzte mich an den Rand und ließ mich vorsichtig hinabgleiten.

Das Messer wartete auf mich.

„Nimm mich“, schien es zu sagen. „Nimm mich mit und lass mich endlich tun, wofür ich geschaffen wurde.“

Ich hob es auf und fuhr mit dem Finger die pferdekopfförmige Scheide entlang.

Wofür *war* das Messer geschaffen worden? Und von wem?

„Weil es zu jedem Ding einen Gegenspieler gibt“, antwortete es lautlos. „Zu jedem bösen Ding ein gutes, zu jedem schwarzen ein weißes, zu jedem traurigen ein fröhliches.“

„Und du?“, fragte ich, nachdem ich mühsam wieder aus dem Schacht geklettert war. „Bist du der Gegenspieler des Namenlosen? Warum hast du dann nicht viel früher etwas gegen ihn unternommen?“

Es war, als klänge ein leises Lachen aus dem Metall durch meine Finger, die es hielten. „Ich hatte niemanden, der mich führte“, erwiderte es. „Alleine kann ich nichts ausrichten. Deshalb war es so leicht für ihn, mich hier einzusperren.“

„Aber jetzt – jetzt hast du mich?“

„Und du mich“, sagte das Messer.

Da spürte ich eine Berührung an meinen Schultern.

Ich erschrak so sehr, dass ich einen Schritt nach vorne tat – vor mir jedoch war der Schacht, in dem das Messer geruht hatte, und keine dicke Glasplatte bewahrte mich nun mehr vor dem Hinabfallen.

Der Namenlose, schoss es mir durch den Kopf. Dieses Mal würde er mich töten.

Doch ehe ich den Boden des Schachtes berührte, besaß ich wieder Flügel, und anstelle von Fingern waren es nun Vogelkrallen, die das Messer umschlossen. Ich flatterte wild und verzweifelt, um dem grausamen Herrscher des Palastes zu entkommen. Als ich mich jedoch umsah, war da kein Löwe und kein Adler zu sehen.

Nur ein gelber und ein grüner Vogel stiegen mit mir auf in die Luft.

„Wo ist er?“, rief ich ihnen verwirrt zu. Wir schraubten uns in weiten Spiralen dem Himmel entgegen, dessen dunkler werdendes Blau bereits in Richtung Abend wies.

„Wer?“, rief der grüne Vogel: Spinatgepäck.

„Er!“, rief ich. „Der ohne Namen! Der Mächtige! Der ...“

„Schweig!“, tschilpte die Gelbe-Erbse-von-Santourini. „Hier ist niemand. Nur wir. Wir waren es, wir saßen auf deinen Schultern, wir brachten dich zum Stürzen, damit du wieder ein Vogel wurdest. Denn du musst dich beeilen, Junge! Beeilen!“

„Er ist auf dem Weg hierher!“, fügte Spinatgepäck hinzu.

Ich versuchte verzweifelt, schneller zu fliegen.

Wir schossen nur so über die unheimlichen Innereien des Palastes dahin, über sinnlose Treppen und halb gespaltene Wehrtürme. Das Messer lag schwer in meinen Krallen, doch es gab mir ein Gefühl der Sicherheit.

Ein gutes Stück von mir entfernt flatterten Spinatgepäck und die Gelbe-Erbse über das schwarz-weiße Chaos. Es war gut, dass sie da waren, sie und das Messer. Ich kämpfte nicht länger allein.

Nur kamen wir nicht weit.

Kaum waren wir über die ersten zackigen Zinnen neben dem Hof mit der Glasplatte hinweggesegelt, da tauchte ein schwarzer Schatten am Abendhimmel über uns auf.

Jetzt wird er seine Gewitterwolken losschicken, dachte ich, seinen Donner grollen lassen und seinen Sturm herbeirufen. Der Schatten kam näher und näher, bald schwebte er hoch über uns und ich sah seine gelben Adleraugen.

Warum machte er keine Anstalten hinabzustoßen?

Es war, als würde er mich gar nicht sehen ...

„Das tut er auch nicht“, sagte das Messer in seiner lautlosen, silber-kalten Sprache. „Sieh dir deine Federn an, Achim!“

Ich drehte meinen Kopf. Und ein Glück, dass es geregnet und dass Ines die Kerze angezündet hatte und dass sie vergessen hatte, sie auszupusten, und dass ich das Sofa gelöscht und die verkohlte Decke in den Garten geschleppt hatte und dass ...

Denn meine Federn waren nun schwarz-weiß gefleckt wie der Palast unter mir. Der Ruß, der sich auf meinen Hosen und meinem Pullover festgesetzt hatte, klebte auch an meinem Vogelgefieder. Es gab keine violetten Flecken mehr, keine grünen Beine. Nur ein paar weiß gebliebene Federn lugten hier und da aus dem Schwarz hervor.

Ich besaß die beste Tarnung, die man sich nur vorstellen konnte. Von oben gesehen musste ich mit dem Palast verschmelzen wie ein Chamäleon.

Die scharfen, glühenden Augen des Namenlosen suchten umsonst.

Aber sie sahen die beiden kleinen Vögel, die mit mir flogen, den gelben und den grünen. Und mit einem Aufschrei der Wut und Enttäuschung stürzte sich der Adler auf sie hinab.

Ich sah sie um ihre Freiheit flattern. Doch sie waren nicht schnell genug.

Als schwarzer Blitz tauchte der Namenlose aus seiner Höhe hinab, seine mächtigen Schwingen wirbelten die Luft auf wie Wasser und warfen mich beinahe aus der Bahn, so nah sauste er an mir vorbei.

Aus dem Augenwinkel nahm ich eine Explosion von grünem und gelbem Gefieder wahr.

„Flieg weiter", sagte das Messer. „Dreh dich nicht um."

Aber ich drehte mich um. Nur ein einziges Mal.

Und da sah ich in all dem verwirrenden Schwarz und Weiß zwei kleine, bunte Flecken liegen. Schlaff und leblos lagen sie auf dem Boden und rührten sich nicht, und der riesige dunkle Körper des Adlers hockte still und bedrohlich über ihnen.

Kurze Zeit später landete ich im Palastgarten. Meine rußigen Flügel wurden wieder zu rußigen Pulloverärmeln, meine rußigen Krallen wieder zu rußigen Schuhen, und auch mein Herz fühlte sich an, als wäre es ins Feuer geraten.

„Aber er kann sie nicht töten!", flüsterte ich verzweifelt. „Sie sind schon tot! Er kann sie nicht noch einmal töten! Sie müssen hier sein! Sie müssen hier irgendwo in einem Käfig sitzen!"

Ich griff in meine Hosentasche und fand den winzigen silbernen Schlüssel.

Von Baum zu Baum lief ich, von Käfig zu Käfig, und

in wilder Eile ließ ich Schloss um Schloss aufschnappen, Vogel um Vogel in die Freiheit hinausfliegen.

Bald war ich von buntem Geflatter und aufgeregtem Zwitschern umgeben, verwirrte Büschel zerzausten Gefieders hüpften überall auf den weißen Kieswegen herum. Man hätte meinen können, jemand habe ganz unerwartet einen Farbkasten über dem Palastgarten entleert.

Ich machte keine Pause, um mir das Schauspiel anzusehen. Ich raste im Zickzack hin und her wie ein gehetztes Kaninchen, das Messer in der einen, den Schlüssel in der anderen Hand, und suchte die beiden kleinen Vögel, die mir vielleicht das Leben gerettet hatten.

„Ich kann sie nicht finden!“, rief ich verzweifelt den Bäumen zu. „Wo sind sie? Wo?“

Doch die Bäume schwiegen. Ihr Rauschen war versiegt, ihre Blätter standen still.

Und auch das Tschilpen und Schnattern war verstummt.

Mein Ruf hallte in der Ruhe des Palastgartens wie ein Paukenschlag, und ich erschrak und blieb stehen.

„Wo sind sie?“, flüsterte ich noch einmal, ganz leise.

Da flogen die befreiten Vögel vom Boden hoch wie auf ein Zeichen, die Luft war auf einmal erfüllt vom Schlagen ihrer Flügel, Hunderte und Aberhunderte stiegen zwischen den schönen, traurigen Bäumen auf und schwangen sich als ein einziger großer Schwarm in die Lüfte.

Ich legte den Kopf in den Nacken und sah ihnen nach.

Die Nacht kam schon heran, sie griff nach den Farben der Vögel und malte sie grau und schwarz, doch ihre Dunkelheit konnte den Vögeln nichts anhaben. Bald, an einem Tag voll von strahlendem Sonnenschein, würden sie sich zusammen mit allen anderen erheben und ihre lange Reise nach Süden antreten.

Arnim, dachte ich. Arnim, ich bin hier.

Ich habe dich nicht vergessen.

Ich komme.

„Ich kann sie nicht finden", sagte ich und steckte den Schlüssel zurück in die Tasche.

„Nein", antwortete das Messer. „Der Namenlose bewacht sie noch immer. Aber nun haben wir es eilig, denn er wird sie nicht ewig bewachen. Er weiß, dass du hier bist."

Ich blickte zum Schloss zurück.

Und von dort zog mit der kommenden Nacht eine Gewitterwand auf, mächtiger und größer als alle Gewitter, die mir bisher begegnet waren – viel gewaltiger noch als das Unwetter, in dem *er* mich mit seinem Blitz gefangen hatte.

„Er ist auf dem Weg", sagte das Messer.

12. Kapitel,

in welchem ein Kampf
im Gewitter ausgetragen
wird und der Turm einstürzt

Ich wollte loslaufen, um dem schrecklichen Gewitter des Namenlosen zu entkommen. Doch in diesem Moment begann die pferdekopfförmige Silberscheide des Messers, sich zu verändern. Sie dehnte sich, entglitt mir, wuchs und wuchs – und dann stand ein graues Pferd vor mir und schüttelte sich, als hätte es zu lange geschlafen.

Ich kletterte auf seinen Rücken.

„Halt dich fest", sagte das Pferd, das bis eben ein Messer gewesen war. Es entfaltete zwei graue Flügel und stieg in die Luft empor, wie kurz zuvor die befreiten Vögel, nur viel rascher und mit viel mehr Kraft.

Wir rasten vor der Gewitterwand her, als wären wir selbst nichts anderes als eine verrückte Wettererscheinung. Der Wind sauste mir um die Ohren und ich musste mich in der grauen Mähne des Pferdes festkrallen, um nicht hinuntergeblasen zu werden.

„So ist es gut", murmelte das Pferd, „nun soll er sehen, wo er bleibt, der ohne Namen, der alte Räuber. Er soll nur versuchen, uns zu kriegen. Mich holt er nicht ein."

Ich schmiegte mein Gesicht an den Hals des Pferdes und war erstaunt darüber, wie warm und lebendig es sich anfühlte.

„Wer waren sie?“, fragte ich. „Die beiden Vögel? Spinatgepäck und die Gelbe-Erbse-von-Santourini? Warum haben sie mir geholfen? Du weißt es doch, nicht wahr?“

Und trotz des pfeifenden Windes und des heranrollenden Donners verstand das graue Pferd meine Worte.

„Hast du dich nie gefragt, wo deine Eltern sind?“, fragte es zurück.

„Sie sind gestorben“, antwortete ich. „Maria aus dem Heim hat es mir erzählt. Es war auch ein Unfall, so wie bei Arnim, nur dass sie in einem Flugzeug saßen und nicht über die Straße liefen."

„Gestorben", sagte das Pferd. „Soso."

Mehr sagte es nicht.

Aber ich verstand. „Du meinst – die zwei kleinen Vögel – der gelbe und der grüne – das waren einmal meine Eltern? Und – sie erinnern sich? Sie haben mich erkannt? Nach so langer Zeit?"

„Äußerlichkeiten", sagte das Pferd. „Äußerlichkeiten verändern sich. Herzen verändern sich nicht."

„Und ich", flüsterte ich, „ich habe sie verloren!"

Und hätte ich nicht all meine Tränen an diesem Nachmittag schon über Ines' Blumen verbraucht, so wäre das graue Fell des Pferdes nass geworden von ihnen, so nass, dass die Vögel in ihren Nestern weit unter uns geglaubt hätten, es würde regnen.

Es war beinahe dunkel, als wir in der Ferne den Gefängnisturm vor uns aufragen sahen.

Ich wandte mich um und wünschte gleich darauf, ich hätte es nicht getan. Die Wolkenwand war so nahe herangerückt, dass sie den Schweif des grauen Pferdes fast berührte.

Wir rasten vor ihr her auf den Turm zu, und um uns schlugen die ersten Blitze in das Grasland ein. Noch verfehlten sie ihr Ziel.

Mitten in der Schwärze hinter uns jedoch hatte ich etwas gesehen, das noch schwärzer und noch drohender war als alles andere. Etwas, das auf breiten Schwingen segelte und immer näher kam, so schnell wir auch flogen. Das war der Namenlose. Seine gelben Augen brannten Löcher in die Dunkelheit.

Dann erreichten wir den Turm. Die weißen und schwarzen Blüten der Kletterpflanze leuchteten vor uns gleich großen, runden Sternen – ja, selbst die schwarzen leuchteten, obwohl ich nicht begreife, wie sie das fertigbrachten.

Auch das graue Fell des Pferdes schimmerte hell, und aus seinen Nüstern stieg feiner, silberner Dampf in die eisige Nacht empor.

„Wenn wir landen", erklärte das Pferd mit seiner lautlosen Stimme, „darfst du keine Zeit verlieren. Ich werde wieder ein Messer sein, und du wirst mich aus der Scheide ziehen und den Stamm der Pflanze durchtrennen. Ein Hieb muss genügen, zu mehr bleibt dir keine Zeit. Was auch geschieht, sei schnell. Er ist schon ganz nahe ..."

Ja, er war nahe. So nahe, dass das Pferd nicht weitersprechen konnte. In diesem Moment nämlich hatte uns der Namenlose eingeholt.

Ich glaube, ich schrie, doch das Tosen des Sturmes übertönte jedes Geräusch.

Das Pferd fuhr herum, es stieg mit den Vorderbeinen hoch auf und wieherte mit der Stimme von tausend silbernen Glöckchen und Millionen klirrender Gläser. Ich sah seine mondfarbenen Hufe blitzen. Ich sah den Namenlosen auf uns zurasen, sah seine ausgestreckten Krallen und seinen scharfen Schnabel, geöffnet zu einem wutverzerrten Schrei.

Und ich spürte den Aufprall, als der Körper des riesigen Adlers und der des Pferdes mitten in der Luft zusammenstießen. Sie waren gleich groß und ihre weit ausgebreiteten mächtigen Schwingen glommen in der Nacht wie Fackeln.

Ich weiß nicht, was wirklich geschah.

Ich weiß nur, dass ich mich krampfhaft in der Mähne meines Gefährten festkrallte und dass ich die Übersicht darüber verlor, wo oben und wo unten war. Funken stoben um mich durch die Nacht, und der Geruch meiner eigenen Angst mischte sich mit dem roten Geruch von unzügelbarer Wut – einer Wut, die sich über Jahrtausende angestaut hatte und ins Unermessliche gewachsen war. Sie hatte gewartet, diese Wut, gewartet und auf der Lauer gelegen, und nun war ihre Stunde gekommen.

Der Kampf der beiden Tiere dauerte eine Ewigkeit, und doch nur Sekunden.

Vielleicht gab es nichts anderes auf der Welt als diesen Kampf. Vielleicht fand er gar nicht statt. Ich kann es nicht sagen.

Ich schloss die Augen, um ihn nicht sehen zu müssen, und in meinen Ohren sang die Furcht.

Arnim, dachte ich, Arnim. Das war mein einziger Gedanke.

Dann war es vorbei.

Ein Schrei ertönte, ein furchtbarer Schrei, und es dauerte ein wenig, bis ich verstand, dass es das graue Pferd war, welches geschrien hatte.

Sein Hals, an den ich mich klammerte, zuckte zur Seite. Zwischen meinen Fingern fühlte ich etwas Klebriges.

Blut? Konnte das Pferd bluten? Als ich meine Finger ableckte, schmeckten sie salzig.

Salzig wie Tränen.

Ich hob meinen Kopf, um die Schwärze der Nacht nach dem Namenlosen abzusuchen. Ich fand ihn nicht.

„Er ist gefallen", sagte das Pferd, und obwohl es doch ohne Stimme zu mir sprach, hörte ich es kaum. „Aber ich falle auch. Ich spüre es. Dies ist das Ende. Lass uns den letzten Schritt tun."

Wir landeten am Fuße des Turms. Die Bewegungen des Pferdes hatten ihre Geschmeidigkeit verloren, es kam im Gras auf wie ein zerbrochener Drachen. Kaum war ich von seinem Rücken geglitten, ging es in die Knie und legte sich gleich darauf zur Seite. Ich wollte meine Arme um seinen Hals schlingen. „Warte!", wollte ich rufen. „Verlass mich nicht!"

Da gab es bereits kein graues Pferd mehr neben mir. Im langen, feuchten Herbstgras jedoch fand ich das silberne Messer. Das Gewitter hatte sich in einzelne Wolkenfetzen aufgelöst und ein blasser Mond beschien das seltsame Schauspiel.

Ein Stück entfernt lag auf der Wiese ein großer weißer Körper, von dem ein schwaches Leuchten ausging. Ich brauchte nicht näher zu treten, um zu wissen, dass es der Körper eines Löwen war. Doch er war nicht tot – ich wusste nicht einmal, ob er überhaupt sterben konnte –, ich sah ihn atmen und ich ahnte, dass er nur seine Kräfte sammelte.

„Wenn wir landen", hatte das Pferd gesagt, „darfst

du keine Zeit verlieren. Ich werde wieder ein Messer sein ..."

Ich schluckte und hob das kleine silberne Ding aus dem Gras auf. Aus dem Augenwinkel sah ich, wie sich der Löwe bewegte.

„Ein Hieb muss genügen, zu mehr bleibt dir keine Zeit. Was auch geschieht, sei schnell ..."

Ich blickte in die Augen des silbergeschmiedeten Pferdekopfes. „Dies ist das Ende", schienen die Augen zu sagen. „Lass uns den letzten Schritt tun."

Und ich tat ihn.

Ich zog das Messer aus der Scheide, holte weit aus damit und zerteilte den Stamm der Kletterpflanze, genau dort, wo er aus der Erde wuchs.

Im gleichen Moment lief ein Knirschen und Ächzen durch die alte Mauer und im fahlen Mondlicht sah ich die Pflanze welken. Ihre Blätter verdorrten vor meinen Augen und rollten sich braun und leblos zusammen, ihre Blüten ließen die Köpfe hängen und begannen, sich aufzulösen.

Die großen, grob behauenen Steinquader, aus denen der Turm bestand, begannen, sich zu verschieben, und da begriff ich, dass nur die Pflanze sie zusammengehalten hatte.

Ich sah empor zu den fünf Gitterfenstern.

„Arnim!", rief ich. „Arnim, hier bin ich! Ich komme!"

Mein Blick fiel auf das Messer in meiner Hand. Ich wollte ihm danken, doch ehe ich etwas sagen konnte, zerbrach es in meinen Fingern zu tausend kleinen Stücken. Und ich erinnerte mich an die letzten Worte des Pferdes.

„Ich falle auch. Ich spüre es. Das ist das Ende.“

Für mich aber, für mich war das Ende noch nicht gekommen.

Ich packte den erstbesten Ast der verdorrenden Pflanze und begann, die Mauer emporzuklettern. Ich durfte keine Zeit verlieren – überall lösten sich ihre Zweige bereits von der Wand und gaben die Steine frei.

Der Turm würde nicht mehr lange stehen.

Als ich das erste der fünf Fenster erreichte, sah

ich, dass drinnen die kleine Öllampe brannte. Ihr flackerndes Licht zeigte mir ein Gitter, das nicht länger in der Wand verankert war. Es schmolz wie Schokolade, und ich ergriff das Fensterbrett und zog mich mit letzter Kraft hoch.

Hinter mir ertönte das wütende Brüllen des Löwen.

Ich hatte mich kaum auf der anderen Seite des Fensters ins Zimmer fallen lassen, da sprang er. Ein gewaltiger Satz trug ihn wie einen weißen Pfeil vom Boden bis zu den einstmals vergitterten Fenstern hinauf, und sein Gebrüll brachte die bröckelnden Mauern zum Schwanken.

Er warf mich mit einer solchen Macht auf den kalten Steinboden, dass ich glaubte, meine Wirbelsäule krachen zu hören. Ich fühlte, wie der kleine silberne Schlüssel aus meiner Tasche glitt.

Hilflos wie ein Käfer lag ich auf dem Rücken und blickte in die gelben Glutaugen des Namenlosen. Sie waren erfüllt von Schmerz und rasender Zerstörungswut.

Ich sah die schwarzen Streifen der klaffenden Wunden, die er vom Kampf mit seinem Gegenspieler davongetragen hatte, obgleich er vermutlich ebenso wenig bluten konnte wie das Pferd.

„So“, knurrte er, „soso. ‚Dies ist das Ende‘, hat es das zu dir gesagt? Dann werde ich jetzt den letzten Schritt tun.“

Der weiße Löwe fletschte die Zähne, wie er es schon einmal getan hatte, nur dass er mir diesmal keine Bewegungsfreiheit ließ, um an mein Spray zu kommen.

Wo war Arnim?

Um uns herum zerbrach die Welt.

Die Mauern krachten, die Öllampe flammte noch einmal hell auf.

Und ich begriff, dass ich den Namenlosen nicht besiegen konnte. Er war ewig, er würde immer da sein. Immer würden Leute sterben und andere Leute sie nicht loslassen können. Der Palast des Namenlosen würde bis zum Ende der Zeit wachsen, und die Tränen der Menschen würden ihm Nahrung geben, weil die Welt ohne Tränen nicht sein kann.

Darum konnte ich diesen Kampf nicht gewinnen, darum konnte ich mein Leben nicht behalten. Ich war der Trauer im Weg – und in all ihrer Schönheit und all ihrer Schrecklichkeit war die Trauer mächtiger als irgendetwas sonst.

Ich schloss die Augen.

13. Kapitel,

in welchem ein Küchengerät die Schlüsselrolle spielt

Ich wartete auf den Biss des weißen Löwen.

Doch er hielt inne – irgendwas hatte ihn im letzten Moment abgelenkt. Und plötzlich roch ich ... angebrannte Fischstäbchen.

Fischstäbchen? Wie absurd!

Eine Sekunde vor seinem Tod kann man alles Mögliche riechen – große und edle Gerüche wie von Rosenblättern und duftendem Moos, wenn man katholisch ist auch Weihrauch und Myrrhe ... Aber doch keine Fischstäbchen!

Ich öffnete die Augen wieder und folgte dem Blick des Löwen.

Er sah über mich hinweg zur Tür des Adoptivzimmers, und auf seinem Antlitz lag ein Ausdruck maßlosen Erstaunens.

Jene Tür mit der silbernen Klinke war aufgeflogen und im Türrahmen stand Paul mit einer dampfenden Bratpfanne in der Hand.

Er hob sie hoch über den Kopf ...

„Das hast du dir wohl so gedacht!“, rief er, und dann war er bei uns und schmetterte die schwere Eisenpfanne direkt in das weiße Gesicht mit den glühenden gelben Augen über mir.

Der Löwe brüllte. Er warf sich herum, um Paul anzugreifen, doch Paul schwang die Bratpfanne, und ein

Regen aus verkohlten Fischstäbchen ergoss sich über den namenlosen Herrscher und nahm ihm die Sicht. Wieder und wieder schlug Paul mit der Pfanne zu, in blinder Wut und mit einer Kraft, die ich nicht einmal ihm zugetraut hätte.

„Da!“, schrie er. „Und da! Achim gehört dir nicht, verstanden? Er gehört *uns*! Er ist *unser* Kind! Und wir lassen ihn uns nicht einfach wegnehmen! Kapiert? *Kapiert*?“

Der Namenlose zuckte unter jedem Hieb zusammen. Allmählich wurde der Griff seiner Pranken schwächer.

Schließlich wich er zum Fenster zurück, während um uns herum große Gesteinsbrocken aus der Mauer brachen und hinabstürzten.

Das eiserne Bett, der eiserne Tisch und der eiserne Stuhl schmolzen in sich zusammen wie die Fenstergitter, die Bilder fielen zu Boden und ihr Glas zerbarst mit lautem Klirren.

Der riesige weiße Löwe bäumte sich ein letztes Mal auf. Da stieß Paul ihm den Griff der Bratpfanne mitten ins Maul. Ein schreckliches Geheul brachte die Öllampe zum Zerplatzen und der Namenlose machte taumelnd noch ein paar Schritte rückwärts.

Er brach durch die bröckelnde Mauer und verschwand mit den Steinquadern in der Tiefe.

Paul ließ die Bratpfanne fallen und hob mich vom Boden auf wie eine Feder. Durch die aufbrechende Wand sah ich unten im dunklen Gras den massigen Körper des Namenlosen liegen. Er regte sich. Langsam, mühsam. Und in diesem Moment wusste ich, dass er wieder aufstehen würde. Nicht jetzt, nicht sofort. Es würde dauern, Stunden, Tage vielleicht – dennoch: Er würde weiterleben, weiterherrschen über seinen schwarz-weißen Palast.

Paul wollte mich zur Tür tragen, doch ich streckte die Arme nach den berstenden Fenstern aus.

„Warte!“, rief ich. „Warte! Arnim! Arnim, wo bist du? Und der gelbe und der grüne Vogel! Sie sind noch irgendwo im Palast! Und der Nussvogel mit seinen lahmen Flügeln! Und das graue Pferd! Lass mich runter, Paul! Ich muss zurück! Ich muss Arnim suchen und Spinatgepäck befreien und die Gelbe und …"

Ich wand mich in seinem Griff, ich trat um mich und biss Paul in die Hand und versuchte loszukommen, aber er hielt mich so fest wie ein Schraubstock. Ich spürte, dass mir Tränen übers Gesicht liefen, Tränen der Wut und der Verzweiflung.

„Du kannst nicht die ganze Welt retten, Achim", sagte Paul, heiser vom Schreien. „Hör auf zu strampeln. Sieh lieber, da …"

Er wies mit einem Kopfnicken nach draußen in die Nacht.

Und dort im hellen Schein des Mondes flog ein kleiner Vogel mit rotgoldenem Gefieder und grünen, grünen Füßen. Er flog vom Turm fort, sehr zielstrebig, wie mir schien, und im Schnabel trug er einen winzigen silbernen Gegenstand. Ich hätte wetten können, dass es ein Schlüssel war.

Wortlos deutete Paul auf das Bild, das an dem letzten noch bestehenden Stückchen Wand hing.

Es war nicht mit den anderen hinuntergefallen und zerbrochen.

Aus dem einfachen Grund nämlich, dass es bis eben noch gar nicht dort gehangen hatte.

Das Bild zeigte einen Himmel, an dem das Morgenrot heraufdämmerte. Vor dem Himmel zeichneten sich drei Vögel ab – ein gelber, ein grüner und ein rotgoldener. Sie ließen eben die Bäume des Palastgartens hinter sich und flogen auf einen Schwarm weiterer Vögel zu, die man in der Ferne nur erahnen konnte, wenn man die Augen zusammenkniff.

Aber man brauchte überhaupt nichts zusammenzukneifen, um zu wissen, dass sie nach Süden unterwegs waren. Nach Süden, weit, weit fort vom Palast des Namenlosen.

„Lass uns gehen, Achim", sagte Paul.

Und ich wusste, dass ich recht gehabt hatte: Es würde immer Menschen geben, die starben und andere Menschen, die sie nicht loslassen konnten. Der Namenlose würde bis in alle Ewigkeit aus Trauer und Sehnsucht seine weißen und schwarzen Palastmauern errichten. Vielleicht musste es so sein.

Aber Arnim, Arnim, mein Bruder, war frei.

Und Paul trug mich auf seinen starken Armen durch die Tür des Adoptivzimmers hinaus in den Flur, wo Ines rief, sie könnte die Pfanne mit den Fischstäbchen nirgends finden.

Hinter uns fiel der Turm endgültig in sich zusammen.

Nachwort

Tja, das war meine Geschichte vom Adoptivzimmer und meinem Bruder Arnim mit den grünen, grünen Augen und mir – und von dem schwarz-weißen Palast des Namenlosen und den Bäumen, die so schön und so traurig sind, dass es wehtut.

Man kann sie glauben oder nicht.

Die Tür zum Adoptivzimmer jedenfalls ist seit jenem Abend, an dem Paul mich hinaustrug wie ein kleines Kind, nirgends mehr zu finden. Es wächst auch keine Kletterpflanze mit seltsamen Blüten mehr im Garten der Ribbeks.

Ach – und das hätte ich beinahe vergessen: Ich heiße jetzt genauso. Achim Ribbek. Es klingt ein bisschen komisch, aber ich werde mich wohl daran gewöhnen.

Das letzte Wochenende vor Schulbeginn verbrachten Paul und Ines und ich zusammen auf einer kleinen Insel an der Küste.

Man musste mit einem Dampfer hinfahren, und ich hatte eine neue Regenjacke, und mir wurde überhaupt nicht schlecht auf dem Schiff.

Ich muss Karl davon erzählen, wo er doch Seemann werden will.

Ines hat gesagt, demnächst kann er uns ja mal besuchen. Vielleicht in den Herbstferien. Wenn er will.

Am Montag fuhr ich mit dem Fahrrad in die neue Schule.

Ines wollte mich eigentlich begleiten, doch dann kamen Tom und Anna vorbei und sagten, ich könnte mit ihnen fahren.

Tom ist in meiner Klasse. Er ist jetzt beinahe richtig nett zu mir. Die Sache mit dem Wasser hat ihn wohl schwer beeindruckt, und auch, dass Ines seiner Mutter erzählt hat, wie ich den Brand ganz alleine gelöscht habe.

Die Scherben unter meiner Matratze haben wir übrigens weggeworfen.

„Ein Glück", meinte Ines, als ich ihr davon erzählte. „Gerade dieser Teller war ja nun wirklich hässlich."

Als ich am ersten Schultag mit Tom und Anna und ein paar anderen auf dem Pausenhof herumstand, ging plötzlich über uns in der Luft ein unglaublich lautes Geschnatter los, und Anna zeigte nach oben und sagte: „Seht doch! Die Gänse! Sie fliegen nach Süden!"

„Ich weiß." Ich lächelte. „Und nicht nur sie."

Materialien

Interview mit der Autorin Antonia Michaelis

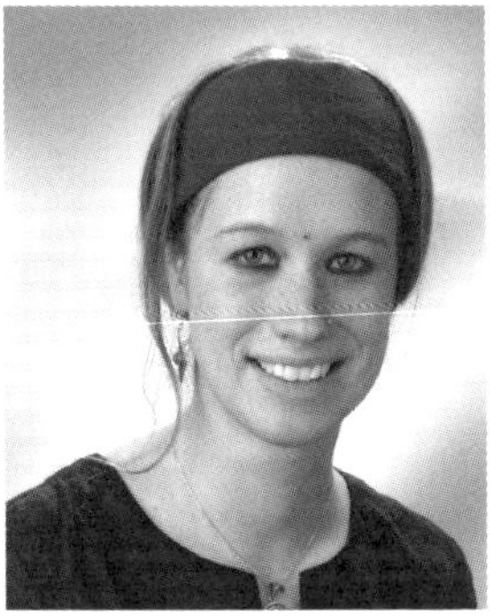

1. Wie kamen Sie auf die Idee, über ein Waisenkind zu schreiben, dem die schwierige Aufgabe bevorsteht, sich in seiner neuen Familie einzuleben?

Meine Mutter ist Kindertherapeutin. Ihre Geschichte von einem Jungen, der immer Angst davor hatte, von seinen Adoptiveltern zurückgegeben zu werden, hat sich wohl Jahre später in meinen Kopf geschlichen. Der Junge – er war viel jünger als Achim – war erst glücklich, als er den Müll runterbringen musste. Von diesem Zeitpunkt an dachte er: Sie können mich nicht mehr zurückgeben, denn wenn ich weg bin, bringt ja niemand den Müll runter. Diesem Jungen ist auch das Buch gewidmet.

2. Auch in Ihrem Buch „Die wunderliche Reise von Oliver und Twist“ geht es um einen Jungen ohne Eltern. Warum wählen Sie gerade solche Hauptfiguren aus?

Bei Oliver und Twist musste es einfach deshalb ein Waisenjunge sein, weil bei dem englischen Schriftsteller Charles Dickens (um den geht es ja) dauernd arme Waisenkinder vorkommen.

Im Allgemeinen haben meine Hauptfiguren jedoch immer irgendein Problem. Sie sind nicht besonders stark oder mutig wie andere Helden, sie sind besonders schüchtern, wie in Achims Fall, oder schlagen immer gleich zu, wie im Fall seines Freundes Karl, um den es in „Das Geheimnis des 12. Kontinents“ geht. Im Buch bekommen sie dann eine Chance, an ihren Schwächen zu arbeiten.

Ein Freund von mir hat einmal gesagt: Du schreibst eigentlich immer den gleichen Entwicklungsroman. Womöglich hat er recht?

3. Sie schreiben hauptsächlich fantastische Kinder- und Jugendbücher. Was ist für Sie das Besondere an fantastischen Geschichten?

Kinder leben in fantastischen Welten. Hinter allem steht etwas, eine Bedeutung, ein tieferer Sinn, ein Geheimnis. Die ganze Umgebung ist voll von mysteriösen Zeichen. Ich schreibe nur auf, was die Kinder sehen. Zum Beispiel ein Turmzimmer hinter einer seltsamen Tür.

Wie dieses Zimmer fallen aber alle merkwürdigen Dinge, die in meinen Büchern vorkommen, nicht einfach so vom Himmel. Sie haben einen Zusammenhang mit der Realität. Sie sind Symbole. (Liebe Kinder, Erwachsene lieben Fremdwörter. Die Realität ist in Wirklichkeit die Wirklichkeit und Symbole sind Sachen, die für etwas anderes stehen.) Man kann erraten, was sie bedeuten, wenn man möchte. Muss man aber nicht. Man kann auch einfach nur eine Abenteuergeschichte in dem Ganzen sehen.

Im Übrigen schreibe ich keine Fantasy, auch wenn das oft auf meinen Büchern draufsteht. Ich schreibe moderne Märchen.

4. „Das Adoptivzimmer oder: Gefangen im Reich des Namenlosen" handelt auch von Tod und Trauer. Warum halten Sie es für wichtig, dass junge Leser sich mit diesem Thema auseinandersetzen?

Ich halte es für wichtig, dass sich alle Leute mit diesem Thema auseinandersetzen. Aber nicht auf eine Weise, die zu viele lehrreiche Sprüche, Gedichte oder Taschentücher beinhaltet. Ernste Themen müssen nicht immer ein ernstes Gesicht haben. So ist es zum Beispiel auch in „Laura und der Silberwolf". Das hört sich jetzt sehr salbungsvoll an, aber in „Das Adoptivzimmer oder: Gefangen im Reich des Namenlosen" geht es ja vor allem um das Loslassenkönnen, um das Weiterleben und um einen Neuanfang.

5. Achim muss seinen Freund Karl im Kinderheim zurücklassen. Doch Karl erhält seine eigene Geschichte in Ihrem bereits erwähnten Buch „Das Geheimnis des 12. Kontinents". Können Sie einen kleinen Vorgeschmack auf seine Abenteuer geben?

Oh, Karl ist einer meiner liebsten Helden. Er kann einen Klassenzimmertisch ganz alleine heben, aber nicht besonders gut geradeaus denken. Nachdem Achim weg ist, haut er ab und will zur See gehen, obwohl er nicht wirklich weiß, wo die ist. Zum Glück begegnen ihm eine Hand voll winzig kleiner Menschen, denen er sein Modelschiff leiht. Er wird ebenfalls klein und macht sich mit ihnen auf die Reise zum 12. Kontinent, wo vor Kurzem die Kinder der Winzigen auf mysteriöse Weise verschwunden sind – und stößt dabei auf die Spuren seiner eigenen Geschichte. Und es wird ein weiteres Buch von mir erscheinen, in dem Karl und Achim sich wiedertreffen. Sie besuchen ein Jahr nach dem Beginn ihrer Geschichten in den Sommerferien Maria im Heim. Maria jedoch ist verschwunden, und das ist nur der Beginn der Seltsamkeiten ...

6. Sie haben einmal gesagt, dass Sie in Ihren Büchern immer selbst einmal kurz „durchs Bild huschen". In welcher Form haben Sie das in diesem Buch getan? Und inwieweit ist Ihnen dies wichtig?

Habe ich das gesagt? Was ich so alles sage! Ja, meistens tauche ich als Ratte auf. Sucht doch mal!

Maler können ihre Bilder signieren, d.h. unterschreiben. Autoren nicht. Oder eben doch ...

7. Sie haben nach Ihrer Schulzeit sehr viel Zeit im Ausland, insbesondere in Indien verbracht. Finden sich Ihre Erfahrungen und Erlebnisse auch in Ihren Geschichten wieder?

Dazu müsste man „Tigermond" lesen, das spielt in Indien. Ach, und ich habe dort in einem Haushalt voller Waisen und Halbwaisen gelebt ...

8. Sicherlich möchten viele Jugendliche selbst einmal gerne eine spannende oder fantastische Geschichte schreiben. Welche Tipps können Sie Ihnen geben?

Gar keine. Wer schreiben kann, braucht keine Tipps, und wer es nicht kann, dem nützen die Tipps auch nichts – der kann dann ja dafür was anderes, Fußball spielen oder so. Zum Schreiben darf man niemanden überreden. Vielleicht nur dies: Vergesst die Rechtschreibung und alles, was eure Lehrer sagen. Beim Schreiben *und* beim Fußballspielen.

Arbeitsanregungen

- Erkläre mit eigenen Worten, was der Begriff „Entwicklungsroman" (S. 211, Z. 7) bedeutet.
- Die Autorin nennt ihre Geschichten „moderne Märchen". Findest du, dass diese Bezeichnung zu dem Buch „Das Adoptivzimmer oder: Gefangen im Reich des Namenlosen" passt? Begründe deine Meinung mit Beispielen.
- Wie wirkt die Autorin auf dich? Notiere einige passende Adjektive.
- Welche der acht Antworten der Autorin hat dich am meisten beeindruckt? Begründe.
- Antonia Michaelis sagt: „Ernste Themen müssen nicht immer ein ernstes Gesicht haben." Erkläre, was dieser Satz bedeutet. Stimmst du der Autorin zu? Schreibe deine Gedanken darüber auf.
- Im Interview nennt Antonia Michaelis drei weitere ihrer Bücher. Notiere, was du über diese erfährst, und suche im Internet nach zusätzlichen Informationen.

  Entscheide dann, welches der Bücher du am liebsten lesen würdest, und schreibe auf, warum.

KIRSTEN BOIE

Guck mal ...

Paule ist in Deutschland adoptiert worden. Da sein Vater aus Somalia stammt, ist Paules Hautfarbe dunkel. Eines Tages steht er an einer Currywurstbude ...

„Guck mal, der Neger, Mami“, sagt das Mädchen.

Paule dreht sich nicht um. Er hört einfach nicht hin und versucht, an den leckeren Ketchup zu denken.

„Psst, Marita!“, sagt die Frau. „So was sagt man nicht!“ (...)

„Im Bilderbuch ist auch einer“, sagt das kleine Mädchen. „Mit Baströckchen!“

Paule gibt es auf, nur an die Wurst zu denken. Er kennt das schon. Manchmal gucken sie nur und manchmal flüstern sie, und manchmal fassen sie ihn sogar an.

„Lästig, was, Paule?“, sagt Papa, wenn er dabei ist. „Sei man nicht böse. Die sehen hier eben nicht so oft dunkle Kinder. Da bist du was ganz Besonderes. Wie ein Filmstar oder ein Fußballer. Was meinst du, wie sie die anstarren würden!“

ARBEITSANREGUNGEN

- Warum haben Menschen gegenüber Andersfarbigen wohl oft Ängste und Vorurteile? Sind diese berechtigt? Sprecht darüber auch in der Klasse.
- Was meinst du zu der Erklärung von Paules Vater?
- Welche Probleme hat Achim bei Ines und Paul?

Bilder zum Thema „Tod und Trauer"

Bild 1

Bild 2

Bild 3

Bild 4

Bild 5

Arbeitsanregungen

- Die fünf Bilder stammen aus verschiedenen Quellen: Gemäldesammlung, Bilderbuch, Tageszeitung, Kalender, Fotoalbum.
  Ordne diese Quellen den Bildern zu.
- Gib jedem Bild eine Überschrift und formuliere Fragen zu den einzelnen Bildern.
- Wähle ein Bild aus und erfinde dazu eine Geschichte, in der man auch erfährt, was vor und nach der Momentaufnahme passiert ist.
- Wie könnte man Menschen, die um einen Verstorbenen trauern, trösten? Sprecht zu zweit darüber.
- Sammelt in der Klasse möglichst viele Bilder zum Thema „Tod und Trauer" und gestaltet damit eine Ausstellung.

CORNELIA FUNKE

Mit Potilla in die Feenwelt

Potilla, die Feenkönigin, macht sich auf, ihren Feenhügel zu befreien. Dieser wurde von einem Eindringling überfallen, der dort unsterblich werden wollte – wie die Feen. Die Kinder Arthur und Esther begleiten sie dabei, schließlich wurden aus Esthers rotem Haar die kleinen Mützen hergestellt. Nur wer im Besitz einer solchen Mütze ist, erhält Zutritt zur Feenwelt.

„Oje, ist das dunkel!", flüsterte Arthur, als sie vor dem Eingang des Hügels standen. Wie ein großes schwarzes Maul gähnte er ihnen entgegen.

„Legt die Hände an eure Mützen!", sagte Potilla leise. „Nur so werdet ihr eingelassen."

„Aber da ist ja gar keine Tür!", sagte Esther überrascht.

„Was habt Ihr erwartet?", fragte die Fee spöttisch. „Schloss und Klinke? Holz und Eisen? Dies ist eine Feentür. Streckt Eure Hand aus."

Zögernd gehorchte Esther – und zog sie erschrocken zurück.

„Au, das ist heiß!"

Potilla wippte ungeduldig mit dem Fuß. „Arthur, wollt auch Ihr Euch vergewissern, dass dort eine Tür ist?"

„Nein, danke", sagte Arthur. Esther rieb sich immer noch die Finger.

„Wohlan, dann bitte ich jetzt um Einlass."

Potilla legte die Hände an ihre Mütze und trat gebückt in den dunklen Eingang.

Die beiden Kinder hörten ein langes, tiefes Seufzen. Das Gras vor dem schwarzen Schlund des Hügels bewegte sich und ein warmer Wind strich über ihre Gesichter. Wie der Atem der Erde.

Potilla nickte zufrieden. „Er lässt uns ein. Ich habe Euch zu Recht Esther Zauberhaar genannt." Lauschend beugte sie sich vor.

„Oh, das ist eine schwarze Stille!", flüsterte sie. „Habt acht! Es geht schon bald sehr steil hinab!" Dann verschwand sie in der Dunkelheit.

An kühlen, erdigen Wänden tasteten sie sich entlang und folgten einem unsichtbaren Weg. Schon bald stießen sie auf eine Treppe. Nach zwei glitschigen Stufen trauten sie sich nicht weiter.

„Potilla!", flüsterte Arthur. „Potilla, wir können nichts sehen!"

Einen dunklen Augenblick lang blieb es still. Dann hörten sie die Fee ärgerlich flüstern: „Habe ich keinen Verstand in meinem hohlen Kopf? Sie haben Menschenaugen. Menschenaugen!"

Arthur und Esther hörten sie die Treppen wieder heraufhuschen. Schmale Finger strichen ihnen über die Augen und Potilla murmelte hastig: „Menschenauge, werd's gewahr, auch die Nacht ist hell und klar!"

Wie ein Schleier hob sich die Dunkelheit und wich bläulichgrauem Licht. Erleichtert atmeten Arthur und Esther auf. Obwohl das, was sie sahen, alles andere als beruhigend war.

Vor ihren Füßen lag eine Treppe, die steil in die Tiefe führte. Die schmalen Steinstufen waren ziemlich ausgetreten und feucht und von der Decke hingen Baumwurzeln wie zerrissene Netze herab.

Tiefer und tiefer ging es hinab. Und mit jeder Stufe wuchs Arthurs Angst. Erst war sie kaum größer als eine Erbse, aber schon bald lag sie wie ein Kürbis in seinem Magen.

Die Treppe endete in einer gewaltigen Höhle.

Tropfsteinzapfen hingen wie steinerne Zähne von der Decke oder wuchsen vom Boden empor. Wasser rieselte die felsigen Wände herab und aus dem hintersten Winkel der Höhle starrte ihnen ein großes Steingesicht entgegen.

Durch den weit aufgerissenen Mund fiel ein Bündel Licht in die finstere Höhle.

Wie angewurzelt blieb Arthur auf der letzten Treppenstufe stehen. „Was soll das Gesicht da?", fragte er.

Potilla sah sich um. „Das ist der Eingang zu unserer Welt", sagte sie. „Unser Weg führt da hindurch. Lasst uns gehen, bevor noch mehr Unheil geschieht."

Dann liefen die beiden Kinder eilig Potilla nach, die durch das Labyrinth der Tropfsteine auf das steinerne Maul zuging. Die runden Augen quollen aus den Höhlen, die Nasenflügel blähten sich wie im Zorn, die steinernen Lippen spuckten ihnen das Licht wie Feuer vor die Füße.

„Ist eure ganze Welt so schrecklich wie dieser Eingang?", flüsterte Arthur und starrte wie gebannt zu den wütenden Augen empor.

„Sie ist nicht halb so schrecklich wie die Eure, Meister Arthur!“, antwortete Potilla und betrat die steinerne Zunge, die sich ihnen verächtlich entgegenstreckte. „Kommt.“

Mit klopfendem Herzen folgten ihr die Kinder. Über ihren Köpfen wölbten sich die Steinlippen wie ein Tor, das grelle Licht blendete sie nach dem langen, dunklen Weg, den sie hinter sich hatten.

Und so stolperten Arthur und Esther halb blind hinüber in die Anderswelt.

Ein warmer Wind fuhr Arthur durch die Haare und wehte ihm tausend Frühlingsdüfte in die Nase. Seine Beine versanken bis an die Knie in Blüten. Einige kamen ihm bekannt vor, doch die meisten sahen überhaupt nicht wie Blumen aus – eher wie bunte Tiere auf Stängeln, wie Blüten aus Golddraht oder schillernde Glasmurmeln. Über den Blumen schwirrten seltsame Insekten durch die milde Luft.

„Ist das schön!“ Esther staunte.

Arthur nickte nur.

Ringsum war die Blumenwiese von dichtem Wald umschlossen. Wie grüner Pelz bedeckte er die flachen Hügel, die sich bis zum Horizont erstreckten.

„Aber wieso ist es Tag?“, fragte Esther. „Sind wir schon so lange unterwegs?“

Erstaunt sah Potilla sie an. „Aber nein! Wisst Ihr denn nicht, dass der Tag der Anderswelt niemals endet? Nie kommt die Nacht hierher, Esther Zauberhaar. Nur das ist es, was uns Feen in Eure Welt zieht. Wir haben Sehnsucht nach den Sternen.“

Aber Esther hörte nicht. Sie staunte. Sie staunte die merkwürdigen Blumen an und die Seifenblasenwolken, die durchsichtigen Falter und fliegenden Salamander.

Arbeitsanregungen

- Finde im Text jeweils Beispiele für die folgenden sechs Kennzeichen der fantastischen Welt. Schreibe die entsprechenden Textstellen auf.
  1. Der Einlass in die fantastische Welt ist durch einen Zauber geschützt.
  2. Zauberei und Zaubersprüche sind in der fantastischen Welt zu Hause.
  3. Die Orte, die die Hauptfiguren durchqueren müssen, versetzen sie in Angst und Unbehagen.
  4. Der Eingang in diese Welt ist gefährlich und furchteinflößend. (Erkläre, warum das so ist.)
  5. Die fantastische Welt selbst gleicht einem Paradies.
  6. Die Gesetzmäßigkeiten der Zeit, z.B. Tag und Nacht, existieren in der fantastischen Welt nicht.
- Versetze dich selbst in die Feenwelt hinein: Welche Geräusche kannst du hören? Was kannst du riechen, schmecken und fühlen? Sammle die Sinneseindrücke in einem Cluster.
- Stelle eine Verbindung her zwischen diesem Text über die Feenwelt und Achims Erlebnissen und Gefühlen. Schreibe deine Gedanken dazu auf.

NICOLÁS SUESCÚN

Gedicht über das Schweigen

Manchmal kommt das Schweigen über mich,
und die Worte gehn mir aus,
dann bin ich wie ein Schreiner ohne Holz
und bitte um einen kleinen Aufschub,
um den Tisch zu zimmern,
und während ich auf das Holz warte,
träume ich, dass er schon fertig ist
und auf seinen vier Beinen steht,
siebzig Zentimeter hoch,
groß, einfach, fest und glatt,
gut zum Essen und zum Arbeiten,
gut zum Sprechen, stundenlang.

ARBEITSANREGUNGEN

- In welcher Lage befindet sich die Person, die das Gedicht spricht, und wie fühlt sie sich?
  Wie sieht ihre Wirklichkeit aus und was ist ihr Traum?
- Womit vergleicht die Person im Gedicht sich?
  Was ist im übertragenen Sinn wohl mit dem Holz und dem Tisch gemeint?
- „Reden ist Silber. Schweigen ist Gold." Was meinst du zu diesem Sprichwort?
- Inwiefern passt der Inhalt des Gedichts zu Achim und seiner Situation? Begründe.

Textquellen

Seite 210–214: Interview mit der Autorin Antonia Michaelis (Originaltext).

Seite 215: Kirsten Boie: Guck mal ... Aus: Kirsten Boie: Paule ist ein Glücksgriff. Hamburg: Oetinger Verlag 1985. S. 39–41. (Text gekürzt)

Seite 218–222: Cornelia Funke: Mit Potilla in die Feenwelt. Aus: Cornelia Funke: Potilla und der Mützendieb. Frankfurt/M.: Fischer Verlag 2004. S. 129–139. (Text gekürzt)

Seite 223: Nicolás Suescún: Gedicht über das Schweigen (Deutsch von Peter Schultze-Kraft und Nicolas Born). Aus: Hans-Joachim Gelberg (Hrsg.): Großer Ozean: Gedichte für alle. Weinheim u.a.: Beltz & Gelberg 2000. S. 225.

Bildquellen

Seite 210: © Antonia Michaelis.

Seite 216: fotolia (Bild 1); Wolf Erlbruch: Ente, Tod und Tulpe. Erika Kunstmann Verlag 2007 (Bild 2); mauritius-images (Bild 3); Xinuha/das Fotoarchiv (Bild 4).

Seite 217: Gustav Klimt: Leben und Tod, akg-images (Bild 5).